GÜTERSLOHER
VERLAGSHAUS

Gütersloher Verlagshaus. Dem Leben vertrauen

Ich bedanke mich sehr herzlich bei meinen Mitmenschen, da sie mir kreativ und emsig als Vorlage für dieses Buch dienten.

Dr. Anja Pfältzer, geb. 1964 in Gießen, studierte Psychologie, Wirtschaftspädagogik und Rechtswissenschaft (Magister Artium 1999), anschließend Promotion im Fachbereich Arbeits- und Organisationspsychologie.

Seit 1987 ist Anja Pfältzer bei der Lufthansa tätig, zunächst als Stewardess (1987-1989), danach als Einsatzkoordinatorin und seit 1999 als Referentin im Trainingsbereich. Sie lebt in Frankfurt am Main.

Valeria Barth, geb. 1981, studierte Kunst und Grafik Design sowie Illustration. Als freiberufliche Designerin und Illustratorin arbeitet sie für verschiedene Verlage. Ihre besondere Vorliebe gilt dem Entwickeln von Charakteren und dem Comic.

Anja Pfältzer

RegelFLEGEL

Vom entspannten Umgang mit Vorschriften

mit Illustrationen von Valeria Barth

Gütersloher Verlagshaus

Bibliografische Information der Deutschen Nationalbibliothek
Die Deutsche Nationalbibliothek verzeichnet diese Publikation in der Deutschen Nationalbibliografie; detaillierte bibliografische Daten sind im Internet über http://dnb.d-nb.de abrufbar.

FSC
www.fsc.org
FSC® C017859
The mark of responsible forestry

Verlagsgruppe Random House FSC-DEU-0100
Das für dieses Buch verwendete FSC-zertifizierte Papier *EOS* liefert Salzer, St. Pölten.

1. Auflage

Druck und Einband: CPI Moravia Books, Korneuburg
Printed in Czech Republic
ISBN 978-3-579-06697-4
www.gtvh.de

Inhalt

Worum es geht

Männer machen es, Frauen sicherlich auch. Und mal ganz ehrlich: Ich selbst mache es sogar ziemlich häufig, manchmal sogar mehrmals täglich. Und Sie sind auch keine Ausnahme, da bin ich mir sicher! Ich bin also nicht die Einzige. Auch, wenn ich mir darüber im Klaren bin, dass Sie nicht offen darüber reden. Also bis auf wenige Einzelfälle.

Mir jedenfalls reicht's. Ich werde nicht länger schweigen und deswegen sage ich es hier und jetzt, schonungslos und unverblümt: *Ich bin ein Regelflegel, und die Welt ist voll davon.*

Und? Denken Sie jetzt: Von »Regelflegeln« habe ich noch nie etwas gehört? Na, dann herzlichen Glückwunsch. Sie haben bei sich eine echte Bildungslücke entdeckt. Das ist schockierend, aber nicht irreparabel.

Also: Regelflegel erkennt man zumeist auf den ersten Blick, mitunter hat man jedoch auch lediglich einen leisen Verdacht. Sie sind nicht immer einfach auszumachen, denn es gibt sie in ganz unterschiedlicher Ausführung: Als große, kleine, dicke, dünne, blonde, brünette und auch solche ganz ohne Haare. Zudem trifft man sie nahezu überall, so etwa zu Hause, auf dem Balkon oder im Wohnzimmer, im Kaufhaus oder auf der Straße, und gelegentlich auch während des Autofahrens beim Blick in den (Rück-) Spiegel.

Man darf Regelflegel allerdings nicht über einen Kamm scheren. Bei weitem nicht. Manche sind stolz darauf, einer zu sein, andere hingegen eher erschrocken, manche verstoßen gegen Regeln ganz bewusst, andere aus Versehen. Letztendlich flegelt jeder – aber eben jeder anders.

Doch kommen wir zum eigentlichen Punkt: Was sind Sie denn nun für einer? Sind Sie eher ein Möchtegern-Flegel, der das eine sagt und das andere macht, aber das äußerst konsequent? Oder sind Sie gar ein Trickser, der zwar ahnt, dass es Regeln gibt, allerdings sicher weiß, dass diese nur in den seltensten Ausnahmefällen für ihn gelten und der zudem ein gesteigertes Interesse an den Verstößen anderer hat, denn man kann ja immer dazu lernen?

Doch das ist längst nicht alles. Weitere Fragen schreien regelrecht nach Antworten: Warum verstoßen wir überhaupt gegen Regeln? Und noch viel interessanter: Warum verstoßen eher Männer als Frauen dagegen, so etwa die schnittigen, geschniegelten, die die Stufen der Karriereleiter nach oben sprinten? Oder die lässig Alternativen, mit oder ohne Bart, die Selbstgedrehte rauchen. Von denen mit Sandalen, hinten geschlossen, vorne offen, damit man die weißen Socken besser sieht, ganz zu schweigen.

Und überhaupt: Wie sieht es damit bei uns Deutschen aus? Ist das leicht Pedantische typisch oder gibt es gar Abweichungen, die einen eher in Erstaunen versetzen?

Wenn es Sie zudem auch noch interessiert, warum sich Ihre Mitmenschen gnadenloserweise häufig so verhalten, dass Sie sich darüber ärgern müssen oder auch, warum Sie sich selbst oftmals cleverer als andere fühlen, dann werfen Sie einen Blick in dieses Buch – aber bitteschön regeltreu. Die Kapitel sind hierbei nacheinander zu lesen, innerhalb der Kapitel sind Seiten nicht zu überspringen und zur Seite 170 ist keinesfalls vorzublättern.

Ach ja, und eines sei noch angemerkt: Hier geht es nicht darum, das Flegeln gegen Regeln an sich als verwerflich, widerborstig oder auch als asozial zu verurteilen, nein, nein, ganz und gar nicht, ich bin ja schließlich auch eine von denen bzw. besser gesagt: *Eine von Ihnen.* Wichtig ist doch vielmehr, nicht einfach nur so herumzuflegeln, also ohne Sinn und Verstand. Flegeln will vielmehr durchdacht sein, und das hat durchaus komplizierte Momente. Doch überzeugen Sie sich selbst.

Klar bin ich regeltreu ... zumindest meistens

Auf einer Feier steuert eine Bekannte auf mich zu und meint, ihr Freund habe gerade massiv gegen Regeln verstoßen, ich solle mir das einmal erzählen lassen. Er kommt zu mir, blickt nervös um sich und erzählt mir hinter vorgehaltener Hand, er habe gerade die abgelaufene Parkscheibe seines Autos vorgedreht, um die Parkzeit um weitere zwei Stunden zu verlängern. Das sei aber eine absolute Ausnahme.

Ich bin sprachlos. Wo bitteschön ist das Problem? Es ist doch alles im grünen Bereich: Das Auto parkt auf einem offiziellem Parkplatz, und die Parkscheibe ist auch aktualisiert. Völlig falsch! Denn die Parkscheibe darf erst dann neu gestellt werden, wenn das Auto inzwischen bewegt worden ist. Zumindest laut Verordnung. Aber mal im Ernst, was heißt schon »Bewegung«? Und wie will man mir denn beweisen, dass mein Auto keines der vier Räder bewegt hat?

Ganz einfach: Mit Kreidestrichen, und zwar mit solchen auf dem Reifen und dem Boden, bekomme ich zur Antwort. Nun gut, ist ja auch egal, eines wird jedenfalls klar: Jeder wertet regelwidriges Verhalten anders. Der eine hat das Gefühl, er habe massiv gegen Regeln verstoßen, der andere erkennt noch nicht einmal, dass es Regeln gibt.

Ich bin, wie gesagt, ein Regelflegel, obwohl ich mich meist gar nicht so fühle. Ich bin Mitte 40, dunkelblond, mittelschwer und verstoße ziemlich häufig gegen Regeln: Ich drängele mich ganz gerne mal in Warteschlangen vor, parke des Öfteren im Halteverbot und bin auch schon schwarz mit der U-Bahn gefahren.

Allerdings verstoße ich nicht ununterbrochen gegen Regeln, eher mal hier und da. Ich überquere also nicht *prinzipiell* die Straße trotz roter Fußgängerampel und werfe auch nicht *immer* mein Kaugummipapier auf die Straße. Nein, so einfach ist das nicht. Es gibt bei meiner Entscheidung für oder gegen eine Regel zahlreiche Umstände, die mich beeinflussen.

Telefoniere ich beispielsweise im Auto ohne Freisprechanlage mit meinem Handy, so geschieht dies nicht unbedacht, sondern auf der Basis sekundenschneller Abwägung unzähliger Kriterien. Ich denke blitzschnell; und nicht nur das, ich setze auch Prioritäten. Die Gedanken flitzen geradezu durch meinen Kopf, so etwa: *Verdammt, wo ist mein Handy? – Ich höre doch das Klingeln. – Wer ruft an? – Reicht der Akku noch? – Ist Polizei in der Nähe? – Wenn ja, schaut sie rüber? – Und: Was kostet das, wenn ich erwischt werde? – Kriege ich dann schon wieder einen Punkt? – Ah, da ist es ja. – Verdammt zu spät. Jetzt hat es aufgehört zu klingeln. – Angezeigte Nummer: »Unbekannt«.*

Es gibt auch Menschen, die behaupten, es wäre per se gefährlich, mit dem Handy während des Autofahrens

zu telefonieren. Sie sagen, man hätte nicht genügend Kapazitäten frei. Also, das ist ja eine ganz pauschale Behauptung. Ich persönlich lehne so etwas ja ab.
Pauschale Äußerungen haben meiner Meinung nach immer einen bitteren Beigeschmack. Man muss Dinge doch schließlich differenziert betrachten. Ich weiß nicht, wie Sie das sehen, aber ich bin überzeugt, dass es einen Unterschied macht, ob ich gerade im Stau langsam Meter für Meter bewältige und dabei telefoniere oder aber in der Innenstadt eine bestimmte Straße suche.
Man darf natürlich nicht immer von sich selbst ausgehen, denn nicht jeder Mensch ist fähig, mehrere Dinge gleichzeitig zu tun. Einige Zeitgenossen sind ja schon mit dem Autofahren an sich überfordert.
Und wenn ich mir vorstelle, dass *die* dann auch noch während des Autofahrens telefonieren ...

Echte Männer bremsen ungern

Übrigens, besonders Männer fallen mir im Straßenverkehr regelmäßig auf, und das nicht etwa, weil ihre Autos frisch gewienert sind, sie gerade mit offenem Verdeck und Pilotenbrille vorbeiröhren oder mit langgestreckten, männlich nach vorne gespreizten Beinen Motorrad fahren.
Nein, ganz und gar nicht, meine Irritation hat ganz andere Gründe, wobei vorneweg anzumerken ist, dass ich

unter keinen Umständen beabsichtige, die Kluft zwischen den beiden, doch zum Teil recht unterschiedlichen Geschlechtern weiter zu vergrößern. Auffällig finde ich vielmehr den männlichen Umgang mit den kleinen Fehltritten ihrer Mitmenschen.
Stellen Sie sich einmal bildlich vor, ein Auto, gefahren von einer Frau, schert völlig legitim auf die linke Spur der Autobahn aus, um einen Laster zu überholen. Unglücklicherweise bremst sie dadurch einen Mann aus, der mit hoher Geschwindigkeit von hinten heranrast. Und? Wie reagiert nun der männliche Mitmensch?

Genau, er tritt erst spät auf die Bremse, küsst fast die Stoßstange des störenden Objekts, setzt demonstrativ den linken Blinker, gibt noch zusätzliche Lichtzeichen und fährt dann, nachdem das vordere Auto endlich auf seinen ihm zugewiesenen Platz ausgewichen ist, langsam an diesem vorbei, schaut kopfschüttelnd hinüber, deutlich demonstrierend, welche Fehlleistung gerade gezeigt wurde, gibt Gas und braust davon.

Ich frage mich immer, warum zum Teufel machen die das? Man sagt ja allgemein, sie müssten andere, unter Umständen etwas zu kurz geratene, Dinge kompensieren. Aber mal ehrlich, das kann doch nicht sein. Unter diesem Komplex würden dann ja abertausende männliche Mitbürger leiden. Unvorstellbar!

Nein, ich bin mir sicher, es *muss* einen anderen Grund geben. Ich frage bei nächster Gelegenheit einen Mann (Anmerkung der Verfasserin: Mein Mann möchte nicht als solcher erwähnt werden, deswegen werde ich im Folgenden stets den eher neutralen Ausdruck »ein Mann« verwenden).

Ich frage also bei nächster Gelegenheit einen Mann. Er kann sich sofort in die von mir geschilderte Situation hineinversetzen und antwortet wie aus der Pistole geschossen, es gebe zwei Gründe: Erstens unterliege der Mann immer wieder dem Irrglauben, dass eine Frau, die unvermutet links ausschert, dies mache, um Gas zu geben. Das sei aber leider nicht so.

Zweitens müsse er dafür sorgen, dass er von der Autofahrerin vor ihm überhaupt wahrgenommen werde. Es sei ja so, dass die meisten langsam Fahrenden ein eingeschränktes Wahrnehmungsfeld hätten, was übrigens mit ihrer Körperhaltung zu tun hätte. Denn sitzt man unnatürlich stark vornübergebeugt, ans Lenkrad geklammert und somit lediglich wenige Zentimeter vom Rückspiegel entfernt, geht das natürlich auf Kosten der Weitsicht.

Das kann der doch nicht ernst meinen. Ich schaue ihn an. *Doch, doch, er meint es ernst, das spüre ich deutlich.* Weiteres Nachfragen erspare ich mir.

Also, wenn Sie mich fragen, ich glaube eher, das hat etwas mit Macht und Ohnmacht zu tun. Das hat es bei der Fahrerin übrigens auch. Es ist letztendlich das gleiche Phänomen. Ich hatte neulich eine solche Situation. Und ich kann Ihnen sagen, es ist ein wirklich unschönes Gefühl, wenn man von hinten bedrängt wird. Bei mir wächst dann sofort so eine Art Widerstand. Ich spüre ganz deutlich, dass ich einfach nicht verstehen will, was der Drängler hinter mir für ein Problem hat. Also bleibe ich mit meinen 125 km/h erst einmal auf der Überholspur. Und zwar so lange, bis ich das sichere, wohlige Gefühl habe, jetzt hat er genug gelitten.

Auch Frauen machen es, aber eben anders

Ein typisch weiblicher Verstoß ist das Weitererzählen von Geheimnissen. Natürlich unter dem Siegel der Verschwiegenheit. Wenn also eine Freundin der nächsten, die einer weiteren und die wiederum ihrer allerbesten Freundin wichtige Informationen anvertraut, dann geschieht dies sozusagen unter dem Siegel der Verschwiegenheit der Verschwiegenheit. Anhören könnte sich das etwa so: »Wusstest du eigentlich schon, dass die Gaby einen anderen hat? Das muss aber unbedingt unter uns bleiben. Also, bitte, wirklich keinem weiter erzählen. Du bist die Einzige, mit der ich überhaupt darüber rede.«
Dies ist übrigens ein Regelverstoß, den Männer eher selten begehen. Das hat aber nichts mit einer stärker ausgeprägten Regeltreue zu tun, sondern eher mit zwei anderen Gründen: Erstens erzählt ihnen keine Frau ein solches Geheimnis, warum auch, Männer würden einfach die völlig falschen Fragen dazu stellen. So wäre die typische Antwort einer Freundin: »Echt, das gibt's doch nicht. Ich hab' mir so etwas aber schon gedacht. Gaby sah in letzter Zeit so verdammt gut aus. Ganz anders als sonst.«
Wohingegen viele Männer vermutlich fragen würden: »Welche Gaby?« Oder noch frustrierender: »Kann ich nichts zu sagen, ich kenne sie ja kaum.« Ja, mein Gott, ich auch nicht, trotzdem kann man doch eine Meinung dazu haben. Das *muss* man sogar, finde ich.

Doch zurück zu den Gründen. Also, Männer erzählen auch deswegen nichts weiter, weil das pure Verschwendung wäre. Sie haben, und das ist ja mittlerweile wissenschaftlich mehrfach untersucht worden, lediglich ein bestimmtes Maß an Worten pro Tag zur Verfügung, welches übrigens äußerst begrenzt und deshalb auch recht zügig aufgebraucht ist.
Außerdem benötigen sie die Worte für andere Aussagen, wie etwa »Schatz, wenn du noch einkaufen gehst, denkst du dann an das Eis und die neue AutoMotorSport?«. Schwups, 16 Worte gesprochen, schon ist die Tagesration um mehr als die Hälfte geschrumpft.
Aber jetzt sind wir ja schon wieder bei den Männern, dabei geht es hier doch eigentlich um die Verstöße der Frauen. Welche Flegelei ist denn noch typisch weiblich? Also spontan fällt einem da nicht so viel ein, man muss schon ziemlich lange überlegen. Aber eine Sache gibt es definitiv noch; über die ärgere ich mich selbst auch häufig, insbesondere in Arztpraxen oder beim Friseur. Denn das sind Orte, wo man phasenweise Dinge tun kann, die man zu Hause nicht tut.
So gibt es bestimmte Klatsch- und Tratschzeitschriften, die ich für mein Leben gerne lese, die ich mir aber privat niemals kaufen würde. Also freue ich mich in doppelter Hinsicht auf den Friseurbesuch: Meine Haare sind wieder in Form und ich wissensmäßig auf dem neuesten »Klatsch-Stand«.

Es gibt da allerdings ein Risiko. Hat nämlich eine Frau vor mir die Zeitschrift in den Händen gehabt, so kann es sein, dass sie ähnliche Interessensgebiete wie ich hatte. *Und? Ist doch kein Problem*, denken Sie wahrscheinlich spontan.

Doch, es ist ein Problem oder besser gesagt, es kann eines sein, und zwar immer dann, wenn die Frau – und jetzt kommen wir zum Regelverstoß – die entsprechende Seite, das Creme-Pröbchen oder das Apfelkuchenrezept, das mich brennend interessieren könnte, schon vor mir herausgerissen hat. Sie war also schneller. Und das, muss ich sagen, ist eine Unart, die ich wirklich nervend finde.

Ob jetzt Männer oder Frauen verstoßen, ist ja eigentlich auch unwichtig, auf jeden Fall kann festgehalten werden, dass es niemanden gibt, der es nicht tut. Der eine heimlich, der andere offen, einige werden erwischt, andere haben Glück, manch einer hat ein schlechtes Gewissen, andere merken es erst gar nicht, und wieder andere spüren sogar so etwas wie Stolz.

Regeln gibt es ziemlich viele ... Flegel auch

Und nun zu Ihnen: Flegeln sie oft, weniger oft oder nur ab und an mal? Um das herauszufinden, beantworten Sie bitte die folgenden Fragen spontan mit »Ja« oder »Nein«:

Haben Sie schon einmal ...

... trotz roter Fußgängerampel eine Straße überquert? JA/NEIN

... in der Schule gespickt? JA/NEIN

... die Mülltrennung missachtet? JA/NEIN

... beim Spielen geschummelt? JA/NEIN

... mehr Alkohol als zulässig getrunken und sind trotzdem noch mit dem Auto gefahren? JA/NEIN

... in Ihrer Steuererklärung falsche Angaben gemacht? JA/NEIN

... die Unwahrheit gesagt? JA/NEIN

... eine Toilette benutzt, die nicht für Sie bestimmt war? JA/NEIN

Und, haben Sie auf ein oder zwei Fragen mit »Ja« geantwortet? Dann flegeln Sie in der Tat ziemlich selten. Nun gut, es gibt Randgruppen, das ist ja auch völlig normal in unserer Gesellschaft. Wenn Sie allerdings drei oder mehr Fragen bejaht haben, sollten Sie zumindest wissen, dass Sie nicht alleine da stehen. Außer Ihnen gibt es allein in Deutschland etwa weitere 80 Millionen dieser Spezies (www.destatis.de). Und eines sei gesagt: Sie unterscheiden sich trotzdem deutlich von den anderen Regelflegeln. Sie setzen sich nämlich damit auseinander. Natürlich macht dies jeder auf seine Art. Der eine geht zum Therapeuten, der andere liest dieses Buch.

Jedenfalls wird eines deutlich: Regeln bestimmen unser Leben. Entweder ist man damit beschäftigt, sich daran zu halten oder aber, dagegen zu verstoßen, und das möglichst, ohne erwischt zu werden.

Ein gänzlicher Verzicht auf Regeln wäre jedoch undenkbar. Denn es gibt schon die eine oder andere Regel, die für ein reibungsloses Miteinander unentbehrlich ist. Nicht auszudenken, wenn wir so ganz ohne Sinn und Verstand manipulieren, täuschen, lügen und betrügen dürften.
Aber andererseits kann ein Zuviel an Regeln dazu führen, dass so manch' einer von uns gar nicht mehr nachdenkt und sogar auf die Einhaltung bestimmter Regeln besteht, obwohl diese vielleicht in diesem Moment, an diesem Ort und unter diesen Bedingungen gar keinen Sinn machen.
Gerade neulich hatte ich einen regen Schlagabtausch auf einem Parkplatz einer bekannten Supermarktkette. Zugegeben, ich parkte auf einem »Mutter-Kind-Parkplatz«, obwohl ich das hierfür zwingendermaßen vorgeschriebene Kind nicht dabei hatte. Wie sollte ich auch: Meine Tochter ist schließlich fast erwachsen.
Und doch hatte ich einen triftigen Grund, genau auf diesem Platz, der üblicherweise etwas größer ist und sich zudem in der Nähe des Eingangs befindet, zu parken. Ich hatte mir das Fußgelenk verstaucht und sollte meine Wege zu Fuß, laut ärztlicher Verordnung, möglichst kurz halten. Doch war der Mutter, die bereits nach wenigen Minuten unter leichter Schnappatmung litt, nicht beizubringen, dass eindeutig ich diejenige war, der der Parkplatz in diesem Fall zustand. Zumindest meiner Ansicht nach ... zumal ihr Kind, von

kleineren Schwankungen abgesehen, bereits nahezu fehlerfrei laufen konnte. Und genau hier hätte ich mir etwas mehr Einfühlungsvermögen und Flexibilität gewünscht.

Ein Zuviel an Regeln kann übrigens auch noch zu etwas ganz anderem führen, nämlich zu inneren Widerständen. Das Problem mit *inneren Widerständen* liegt auf der Hand: Sie sind unsichtbar, stark und oftmals schwer in den Griff zu bekommen. Urplötzlich richtet sich die Energie dann nicht mehr darauf, darüber nachzudenken, ob die Regel sinnvoll ist, sondern vielmehr darauf, Wege zu finden, wie man die Regel umgehen kann. Natürlich ohne erwischt zu werden, das ist ja klar.

Im Umkehrschluss heißt das also: Gäbe es nicht so viele Regeln, wäre mein Widerwille nicht so groß, diese zu befolgen. Wäre mein Widerwille nicht so groß, könnte ich mich stärker damit beschäftigen, welche Regeln ich befolgen möchte. Und wenn ich wüsste, welche Regeln ich befolgen möchte, könnte ich mir sogar vorstellen, den Müll ordnungsgemäß zu trennen, also nach: Braun-, Weiß- und Grünglas – Biomüll – Papier – Restmüll – Gelber Sack – Dosen – Problemstoffe, wie etwa Farb- und Lackreste – Korken – Alteisen und Elektrogeräte – Sperrmüll ...

Mülltrennung ist ja auch prinzipiell eine gute Sache, aber eben ziemlich kompliziert. Wie ist beispielswei-

se eine Brille regelkonform zu entsorgen? Werden die Gläser vom Metallgestell getrennt oder wird alles gemeinsam weggeworfen? Wie sieht es mit Filzstiften aus? Oder mit gerahmtem Fensterglas?
Also, wenn man sich in diese Regelwerke einmal eingearbeitet hat, ist es eigentlich ganz einfach. Demnach gehören intakte ausgediente Brillen in die Altkleidersammlung oder zu anderen sozialen Einrichtungen und ansonsten in den Restmüll.
Filzstifte hingegen werden, sollte noch ein Rest von Schreibflüssigkeit in ihnen verborgen sein, als Sondermüll entsorgt. Sind sie jedoch leer und schreiben beim besten Willen nicht mehr, dürfen sie im Restmüll landen.
Ähnlich ergeht es dem gerahmten Fensterglas, denn auch das darf in den Restmüll oder aber auch auf die Deponie. Das hängt wahrscheinlich von der Größe ab. Es sollte jedoch keinesfalls in den Glascontainer.
Aber mal ehrlich, wie sollte denn das auch gehen? Ich bekomme doch sowieso kein Fensterglas, also noch nicht einmal ein klitzekleines Toilettenfenster, durch die Einwurföffnung eines Glascontainers?!

Wie soll ich mir denn das alles merken?

Bei uns in Deutschland regeltreu zu sein, ist eine echte Herausforderung. Eigentlich ist es fast unmöglich. Und das ist keine Ausrede. Schauen Sie sich doch nur einmal die Schilderflut im Straßenverkehr an: Zurzeit sind beim Bundesverkehrsamt mehr als 600 unterschiedliche Schilder registriert, diese sind miteinander 1.800-fach kombinierbar; es befinden sich somit insgesamt über 20 Millionen Verkehrsschilder auf deutschen Straßen. Ja, Sie haben richtig gelesen: 20 Millionen. Also mir persönlich kommt das, ehrlich gesagt, ziemlich viel vor. Wenn man überlegt, was das wieder alles kostet: Schilder aufstellen, Schilder putzen, Schilder erneuern, Schilder abbauen, neue Schilder hinstellen, dann wieder putzen ... und zudem müssen ja auch noch die Leute bezahlt werden, die die Schilderflut planen und überwachen, und das bei 20 Millionen Schildern. Von den Herstellungskosten ganz zu schweigen.

Aber nicht nur das! Diese Schilderflut schafft noch weitaus mehr Unkosten, denn es müssen ja auch Psychologen beauftragt werden, die untersuchen, wie wir Menschen mit so vielen Informationen überhaupt umgehen. Oder anders gesagt, ab welchem Zeitpunkt wir völlig durchdrehen. Und diese Experten haben Interessantes herausgefunden, und zwar: Oftmals stellen die vielen Informationen tatsächlich eine Überforderung dar!

Na, wer hätte das gedacht? Man staunt bisweilen über Psychologen. Sie arbeiten still und fleißig im Verborgenen und plötzlich kommt ihnen eine Erkenntnis, und zwar nicht nur irgendeine, nein, sogar eine bahnbrechende.

Und mit den Erkenntnissen geht es noch weiter: Monotone Straßenumgebungen führen zu einer Abnahme der Aufmerksamkeit und somit der Fahrqualität, was wiederum durch zunehmende Geschwindigkeit kompensiert wird. Oder anders ausgedrückt: Je langweiliger der Straßenrand, desto mehr Gas gebe ich. Gebe ich dann also Gas, um der Langeweile zu entkommen?
Da kommt mir gerade ein interessanter Gedanke. Allerdings ist er noch in der Rohfassung. Also bitte nicht weitererzählen. Zumindest noch nicht.
Gerade schließt sich nämlich der Kreis, denn: Stelle ich viele komplizierte Schilder auf, ist der Autofahrer beschäftigt. Er denkt nämlich nach.
Worüber ist natürlich individuell ganz unterschiedlich. Der eine grübelt, wie er so viele Informationen unter einen Hut bekommen soll, der andere hingegen, ob hier wohl Kontrollen zu befürchten sind.
Demnach müsste es logischerweise doch folgendermaßen sein: Gibt es viele Schilder, denkt der Autofahrer nach. Je mehr Schilder er sieht, desto mehr denkt er. Je mehr er denkt, desto langsamer fährt er. Je langsamer er fährt, desto seltener wird er geblitzt.
Aber daran können die Gemeinden doch eigentlich gar kein Interesse haben, oder? Moment, irgendetwas stimmt von der Logik her nicht in meinem Gedankengang. Aber ich habe ja gleich gesagt, es ist nur eine Rohfassung.

Nun zu Ihnen: Wie sieht es mit Ihrer ganz persönlichen »Informationsverarbeitungskapazität« aus?

Experiment: Stellen Sie sich vor, Sie sind fremd in der Gegend und wollen einen Freund in Bischofsheim besuchen. Sie sind schon fast am Ziel, als Sie an dem folgenden Schild mit Tempo 50 km/h vorbeifahren. Bitte schauen Sie sich das Schild 2 bis 3 Sekunden an und blättern dann auf die nächste Seite.

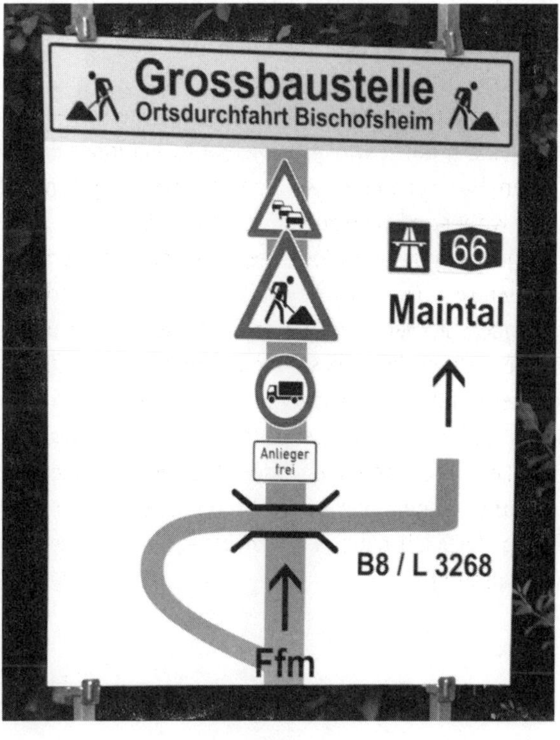

Beantworten Sie nun die folgende Frage (natürlich ohne erneut auf das Bild zu schauen):

Wie viele der acht vorhandenen Informationen haben Sie wahrgenommen?

1.

2.

3.

4.

5.

6.

7.

8.

Antwort:

Die folgenden Informationen sind auf dem Schild zu sehen:

- Links abbiegen Richtung A66
- Geradeaus Richtung Frankfurt/Main
- Straße führt unter Brücke hindurch
- Anlieger frei
- Verbot für Kraftfahrzeuge über 3,5 t
- Baustelle
- Stau
- Großbaustelle »Ortsdurchfahrt Bischofsheim«

Und, an wie viele Informationen konnten Sie sich erinnern? An zwei oder drei, vielleicht sogar an vier? Im Falle, dass Sie weniger als zwei Informationen wahrgenommen haben, sollten Sie sich allerdings ernsthaft Gedanken machen. Konnten Sie jedoch zwischen zwei und vier, vielleicht sogar fünf Informationen aufzählen, befinden Sie sich im durchaus normalen Bereich. Haben Sie sich gar an sechs oder mehr Informationen erinnert, sind Sie entweder ein Überflieger oder haben gemogelt. Denn der durchschnittliche normale Mensch ist üblicherweise nicht in der Lage, sich mehr

als zwei Verkehrsschilder gleichzeitig korrekt zu merken. Bei Fahranfängern sieht es dabei übrigens noch schlechter aus.
Ich selbst kenne dieses Phänomen nur zu gut. Ich fahre öfters mal auf der Autobahn, fühle mich soweit ganz wohl, höre den Verkehrsfunk, freue mich, dass die anderen und nicht ich im Stau stehen, bis plötzlich und völlig unerwartet ein Schild kommt, das die Aufhebung der Geschwindigkeitsbegrenzung anzeigt. Mir wird schlagartig klar: Wird eine Geschwindigkeitsbegrenzung aufgehoben, hat sie vorher bestanden.
Das kann doch wohl nicht wahr sein! Ich fange an zu transpirieren, bekomme kurzzeitig feuchte Hände, trete auf die Bremse und versuche, mich selbst zu beruhigen. Entweder, denke ich, haben die Zuständigen vergessen, das Aufhebungsschild abzubauen oder aber, ich tröste mich damit, dass ja sowieso nichts passiert ist. Denn wäre ich geblitzt worden, hätte ich schließlich dieses kurze rote Aufleuchten des Blitzgerätes gesehen. Habe ich aber nicht.
Allerdings gibt es heutzutage auch andere Formen der Messungen, und zwar nicht sichtbare Lasermessgeräte. Die finde ich übrigens respektlos. Uns wird überall beigebracht, Kritik soll zeitnah, offen und direkt stattfinden, und dann so etwas!
Heimlich, hinterrücks und verdeckt werden mir meine Fehler offenbart. Ich bekomme gar keine Chance, mein Verhalten in diesem Moment zu überdenken und bei

Bedarf zu ändern. Ganz im Gegenteil, ich werde geblitzt, merke es nicht, erhalte erst Wochen, teilweise Monate, später eine Rückmeldung und stehe dann als Schuldiger da, praktisch ohne zeitlichen Bezug zur Tat. Mir wird, kurz gesagt, jede Möglichkeit der Reflexion meines Fehlverhaltens genommen. Und das, obwohl ich jemand bin, der überzeugt davon ist, dass Geschwindigkeitsbegrenzungen einen Sinn haben können. Ganz bestimmt. Auch wenn dieser manchmal im Verborgenen bleibt. Aber man muss ja schließlich auch nicht alles wissen.

Das sollte dann jedoch für beide Seiten gelten: Die Verkehrsbehörde hat also ihre Geheimnisse und ich meine.

Doch zurück zu den unzähligen Straßenschildern. Einige Gemeinden sind da schon erstaunlich kreativ gewesen: Sie haben die Verkehrsschilder kurzerhand mit Plastiksäcken zugehängt. Flächendeckend galten dann Tempo 30, die »Rechts-vor-Links«-Regel und das »Gebot der gegenseitigen Rücksichtnahme« (§1StvO). Das alles führte dazu, dass die Verkehrsteilnehmer ihre Geschwindigkeit verringerten, miteinander Kontakt aufnahmen und sich z. B. an Kreuzungen durch Zeichen verständigten.

Aber ob das alles so neu ist? Also, ich verständige mich jetzt auch tagtäglich durch Zeichen, und zwar trotz der vielen Schilder, zum Beispiel auf der Autobahn, wenn wieder so ein nerviger Mittelspurfahrer unterwegs ist.

Oftmals kann man aber auch gar nicht anders

Kennen Sie das, Sie nehmen sich vor, sich heute einmal an Regeln zu halten, und dann haben Sie aufgrund äußerer Umstände keine Chance, ihren Vorsatz zu verwirklichen?
Also auch dann nicht, wenn sie sich richtig anstrengen. Es gibt nämlich tatsächlich Situationen, in denen man von fremden Menschen aufgefordert wird, nicht das zu tun, was eigentlich üblich wäre. Regelwidriges Verhalten wird sozusagen ausdrücklich erlaubt, wenn nicht sogar gefordert.
Meiner Tochter ist dies neulich passiert, und sie hat sofort eifrig daraus gelernt: Sie kam von der Schule nach Hause und erzählte begeistert, sie habe gerade Geld gespart. Sie sei mit dem Bus gefahren und wollte mit einem 50 Euro-Schein bezahlen, woraufhin der Busfahrer fragte, ob sie denn kein Kleingeld habe, da er nicht herausgeben könne. Als sie verneinte, ließ er sie umsonst mitfahren.
Drei Tage später bitte ich meine Tochter, das Geld für den Bäcker vorzulegen, woraufhin sie mir antwortet, dass sie dies nicht könne, da sie nur noch den 50 Euro-Schein habe, den sie aber dringend zum Busfahren brauche.
Doch nicht in jeder Situation wird regelwidriges Verhalten so eindeutig – aus welchen Gründen auch immer – toleriert. Manchmal werden Antworten auf Fragen

auch versteckt formuliert, und zwar so versteckt, dass man meinen könnte, eine Aufforderung zum Regelverstoß heraushören zu können. Also, ganz sicher ist man sich nicht, aber es könnte eben doch schon sein.

In Ämtern unterschiedlichster Art ist mir so etwas schon mehrfach widerfahren. Man darf nicht vergessen, da sitzen ja schließlich Experten jeglicher Bereiche, sei es für Umweltfragen, Kindergeld oder Finanzen. Und eines ist festzuhalten: Diese Experten kennen alle Tricks und Gesetzeslücken. Denen macht man nichts vor.

Die Kunst besteht darin, ihnen zuzuhören, und zwar sehr genau zuzuhören. Denn sind sie einem wohlgesonnen, bekommt man bisweilen Hinweise, auf die man selbst niemals kommen würde.

So war ich letzten Sommer beim Umweltamt, da wir in dem Hinterhof unseres Elternhauses einen großen Baum fällen wollten. Auf die Frage, ob wir das dürften, wies man uns freundlich darauf hin, dass es nach dem Bundesnaturschutzgesetz verboten sei, Bäume in der Zeit vom 1. März bis zum 30. September zu fällen, und zwar aufgrund der Vogelnester, die sich in den Bäumen verstecken könnten.

Nach längerem Gespräch mit der netten Dame vom Amt, fragte ich zaghaft, wie ich denn bei einem 15 Meter hohen Baum feststellen könne, ob Vogelnester zu finden seien, woraufhin diese antwortete, dass es in Fichten ja praktisch keine Nester gebe.

Na gut, dann haben wir also eine Fichte im Hinterhof, und zwar eine ganz ohne Nester, da bin ich mental durchaus anpassungsfähig. Und der hilfsbereite Gartenfachmann, der die Fällung des Baumes durchgeführt hat, war es auch.
Regeltreu zu sein, ist also wirklich hochkompliziert und gerade im Hinblick auf die immense Anzahl von Regeln, so etwa die des Straßenverkehrs, der Steuerpflicht, der Hausordnung, des Sportvereins, des öffentlichen Lebens, der Rechtschreibung, des sozialen Miteinanders, des Schrebergartenvereins, der Hundehaltung, der Meldepflicht, der Nutzung von Parks und Grünanlagen, der Sicherheit an Bord eines Flugzeuges, der Einnahme von Medikamenten, der Mülltrennung etc. etc. etc., besteht in der Tat die Gefahr, dass man die eine oder andere Regel vergisst, verdrängt, missversteht, durcheinanderwirft, falsch erinnert, niemals verinnerlicht hat oder einfach das sichere Empfinden verspürt, die Regel gelte zwar für andere, jedoch ganz sicher nicht für einen selbst.

Warum wir oftmals verstoßen, ohne es zu merken

Stellen Sie sich vor, Sie verstoßen gegen Regeln und keiner merkt's. Noch nicht einmal Sie selbst. »Na, dann ist doch alles in Ordnung«, werden die Trickreichen denken. Ganz im Gegensatz zu den wahrscheinlich eher erschrockenen Regeltreuen. Doch woran liegt es überhaupt, dass wir manchmal gegen Regeln verstoßen, ohne dies mitzubekommen? Ganz einfach: Oftmals haben wir keinen blassen Schimmer von dem, was wir eigentlich gerade tun.
Erschreckend, oder?!

Echt, die Regel gibt's?

Ein Grund dafür ist übrigens die völlige Unkenntnis von Regeln. Hätten wir wenigstens Kenntnis von unserer Unkenntnis, wäre das Problem deutlich geringer. Dem ist aber nicht so. Ganz im Gegenteil: Wir sind oftmals sogar fest davon überzeugt, alles im Griff zu haben, also nicht nur die Regeln zu kennen, sondern auch alles richtig zu machen. Wir verstoßen demnach im besten Glauben. Was die Sache an sich objektiv gesehen aber nicht besser macht. Denn guter Glaube hin oder her, das Ergebnis bleibt letztlich das Gleiche.

So hatte meine Tochter neulich einen übersichtlichen Geldbetrag von ihrer Großtante geerbt. Man ist in solchen Fällen verpflichtet, eine Erbschaftssteuererklärung auszufüllen, was ich dann als ehrlicher Mitbürger natürlich auch tat. Besser gesagt, ich bemühte mich, es zu tun, und zwar regeltreu und fehlerfrei, was aber, offen gesagt, nicht ganz einfach war. So schrieb ich bei der Frage nach dem Verwandtschaftsverhältnis zum Erblasser naiverweise schlicht und einfach »Großtante der Tochter« hin, was jedoch, wie sich später herausstellte, nicht nur ungenau, sondern schlichtweg falsch war.

So teilte mir das Finanzamt mit, dass ich die Erläuterungen zur *Anlage Erwerber* lesen solle, wonach Verwandtschaftsverhältnisse wie folgt anzugeben sind: »*Der Erwerber ist ... des Erblassers*, z.B. Sohn, Tochter, Kind des Sohnes/der Tochter (nicht Enkel), Sohn des Bruders (nicht Neffe), Bruder des Vaters (nicht Onkel), Tochter des Bruders der Mutter (nicht Cousine)... «

Ich dachte angestrengt nach. Demnach müsste meine Tochter doch die Urenkelin der Schwester meiner Mutter sein. Doch was schreibe ich anstelle von Urenkelin? Vielleicht die Mutter der Tochter der Tochter. Oder bin ich jetzt ganz durcheinander?

Ist letztlich auch egal, denn wer beschäftigt sich schon freiwillig mit solch diffizilen Fragen, wenn man nicht gerade etwas geerbt hat? Und das wiederum kommt schließlich nicht besonders häufig vor. Also war das

Beispiel wahrscheinlich schlecht gewählt, zumindest um die eigene Kenntnis von Regeln zu testen.
Kein Problem, nehmen wir einfach andere Beispiele, und zwar solche aus dem ganz normalen, alltäglichen Leben.
Wie gut wissen Sie also Bescheid?

- ☺ Wird in dem Satz »er wollte seinen Vortrag auf französisch/Französisch halten«, das unterstrichene Wort klein oder groß geschrieben?
- ☺ Dürfen Sie als Passagier einer deutschen Fluggesellschaft Ihren selbst mitgebrachten Alkohol während des Fluges trinken?
- ☺ Ist es Zehnjährigen in Deutschland erlaubt, auf dem Gehweg Fahrrad zu fahren?

Und konnten Sie alle Fragen locker beantworten? Gut, dann wussten Sie ja, dass ...

... »Französisch« groß geschrieben wird, da Sprachbezeichnungen in Verbindung mit Präpositionen immer groß geschrieben werden.

... es bei deutschen Fluggesellschaften prinzipiell im Flugzeug streng untersagt ist, selbst mitgebrachten Alkohol zu trinken.

... Zehnjährige auf dem Fahrrad nicht den Bürgersteig benutzen dürfen, sondern auf der Straße fahren müssen.

Ich persönlich habe, ehrlich gesagt, lediglich eine Antwort sicher gewusst, eine defintiv falsch beantwortet und bei einer lediglich geraten.
Aber woher soll man denn auch die zahlreichen Regeln, Verordnungen, Richtlinien und Gesetze kennen, zumal diese alle Nase lang wieder geändert werden?
Ganz einfach: Jeder ist selbst dafür verantwortlich. Also, immer schön Zeitung lesen, auch das Kleingedruckte, Fernsehen schauen, Radio hören, im Internet recherchieren oder in Bundesgesetzesblättern, dem Bundesanzeiger sowie den Verkehrsblättern schmökern.
Kurz gesagt: Veröffentlichungen jeglicher Art beachten, frei nach dem Motto *Ius vigilantibus*, also *das Recht gehört dem Wachsamen.* Oder anders ausgedrückt: Im Zweifelsfalle einfach Pech gehabt.

Und manchmal kriegen wir auch einfach nichts mit

Und jetzt stellen Sie sich einmal vor, Sie gehören zu den wenigen Menschen, die tatsächlich eine überdurchschnittlich gute Regelkenntnis besitzen, die sich zudem auch noch durch eine bodenständige Regeltreue auszeichnen ... und trotzdem verstoßen. Also sozusagen gegen Ihren Willen und Ihre Überzeugung.
Und es kommt noch besser: Sie sind sogar der festen Überzeugung, Sie hätten regeltreu gehandelt! Na, wie kann denn so etwas passieren? Sie sind weder betrun-

ken, noch übermüdet und auch definitiv nicht frisch verliebt.

Nein, Sie haben ein ganz anderes Problem. Sie haben nämlich eine Störung, und zwar eine bei der Aufnahme und Verarbeitung von Informationen.

Einem mir bekannten Mann, der insbesondere beim Autofahren nicht gerade mit Geduld gesegnet ist, erging es vor Kurzem so: Er hatte morgens einen wichtigen Termin und war relativ spät dran. Als er gerade um die Ecke bog, sah er einen Stau, verursacht von einem Müllauto oder besser gesagt, verursacht von der Dame im Auto direkt hinter der Müllabfuhr.

Diese behinderte – nach seiner Aussage – den gesamten Verkehr, da sie sich zum einen nicht zutraute, an dem Müllauto vorbeizufahren und zudem so weit auf der Straßenmitte fuhr, dass ein Überholen nahezu unmöglich war. Schließlich platzte dem Mann der Kragen. Er setzte also zu einem Überholmanöver an, bei dem er einem entgegenkommenden Fahrradfahrer nahezu jeglichen Lebensraum nahm.

Sein ganzer Ärger entlud sich nun auf die Dame im Auto vor ihm, die seiner Meinung nach nicht nur den Stau verursacht hatte, sondern auch noch schuld an seinem riskanten Überholmanöver war.

Denn wäre sie anders gefahren, wäre er nicht gezwungen gewesen, ein solches Risiko einzugehen. Die Verantwortung lag also eindeutig bei ihr, nicht bei ihm. Fand er zumindest.

Jedoch ist anzumerken, dass diese Überzeugung nicht zwingendermaßen an die Realität gekoppelt sein muss, sondern auch lediglich in seiner Fantasie existieren kann. Hierzu möchte ich allerdings gerade im Hinblick auf ein weiteres friedliches Zusammenleben mit diesem Mann keinen weiteren Kommentar abgeben.
Er hatte zumindest einen sogenannten Tunnelblick, das heißt, er war derart stark auf sein Ziel konzentriert, der Situation möglichst schnell zu entkommen, dass er unfähig war, weitere Informationen, wie etwa den Fahrradfahrer, wahrzunehmen.
Und dann am Abend die Krönung: Kaum angekommen, wollte er erbost seinem Ärger über das Müllauto und den zumeist unfähigen Frauen am Steuer Luft machen, und seine eigene Frau verweigerte ihm jegliches Verständnis. Stattdessen wies sie ihn liebevoll darauf hin, dass er wohl unter einer in solchen Stresssituationen durchaus typischen Störung gelitten habe, und zwar einer Störung der Informationsaufnahme.
Mein Tipp: Selbst, wenn Ihnen das bei Ihrem Partner auffällt, halten Sie bloß den Mund, denn soviel Ehrlichkeit kommt in einer Partnerschaft meiner Erfahrung nach gar nicht gut an.
Und eines sei noch anzumerken: Der Mann wollte nicht, dass ich diese Situation in diesem Buch beschreibe, zumindest nicht so, dass deutlich erkennbar ist, wer der Fahrer des Wagens war. Er verlangte doch tatsächlich von mir, eine andere Person statt seiner zu

nennen. Ich war entsetzt. Denn wie Sie wissen, verstoße ich normalerweise gar nicht gerne gegen Regeln. Und so fremdgesteuert schon mal überhaupt nicht!!

Und noch ein Grund ...

Nehmen wir einmal an, Sie kennen die Regeln, sind zudem gewillt, sich an diese zu halten, und die Aufnahme und Verarbeitung von Informationen läuft auch gerade ganz gut bei Ihnen. Und trotzdem das gleiche Dilemma: Sie verstoßen gegen Regeln, unbeabsichtigt und ohne es zu merken.

Ich hatte einen solchen Fall neulich. Es herrschte eine Art Ausnahmezustand zu Hause. Etwas Schreckliches war passiert. Unser Internet funktionierte nicht.

Besonders die Kinder litten entsetzlich. Kein Chatten, keine E-mails, keine Information wer wann gerade »on« war. Um es kurz zu machen, sie fühlten sich sozial völlig isoliert. Rastlos wanderten sie mit ihrem Laptop durch die Wohnung auf der Suche nach einem fremden Netz. Und tatsächlich, die Gästetoilette machte einen vielversprechenden Eindruck. Nahm man nämlich an diesem Ort eine ganz bestimmte Position ein, halbhockend hinten links, konnte man sich in das Netz des Nachbarn einloggen. So etwas ist verboten, das weiß ja jeder. Man macht das allerdings auch nicht einfach so. Also ohne triftigen Grund. Keinesfalls.

Aber bei uns handelte es sich um eine Sondersituation,

und zwar eine, über die man prinzipiell nicht näher reden mag. Schon gar nicht öffentlich. Aber man soll ja Dinge, die einen beschäftigen, offen aussprechen, sozusagen zur besseren Verarbeitung.
Nun gut, also zurück zur Gästetoilette: Ab sofort war dieser Ort bei uns allen heiß begehrt. Wir nutzten dieses inspirierende Areal praktisch im fliegenden Wechsel. Jeder hatte seine ganz eigenen Gründe und Zeiten. Als eines Abends eine weitläufige Bekannte zu Besuch kam und fragte, ob sie mal kurz ins Internet könne, um die Busabfahrtszeiten nachzuschauen, antwortete ich ganz selbstverständlich: »Das Gästeklo ist gerade frei.«
Ja, schon steht man da, wird puterrot und stammelt dümmlich eine hanebüchene Erklärung. Ich habe sie dann nach Hause gefahren, auf das Gästeklo wollte sie nicht gehen. Das muss man schließlich auch akzeptieren.
Ja, und ich? Ich fühlte mich ziemlich unwohl, aber nur einen Moment lang. Denn, mal ganz ehrlich, hätte die Telefongesellschaft schneller das Internet wieder zum Laufen gebracht, hätte ich nicht so oft die Gästetoilette benutzen müssen. Hätte ich nicht so oft die Gästetoilette benutzen müssen, hätte ich mich nicht an diese Art des Internetzugangs gewöhnt. Und hätte ich mich nicht so daran gewöhnt, hätte ich die weitläufige Bekannte nicht extra nach Hause fahren müssen.
Also ist in diesem Fall eindeutig die Telefongesellschaft schuld. Was wiederum wohl fast jeder von uns einsieht, oder?

Fünf Gründe, warum Sie verstoßen

Achtung, jetzt wird's psychologisch.
Und Sie wissen ja, sobald Psychologen anfangen zu analysieren, ist höchste Aufmerksamkeit gefordert. Nicht etwa, weil man es sonst nicht versteht, nein, das ist nicht der Grund. Man muss vielmehr aufpassen, dass man nicht plötzlich anfängt, bei sich selbst Dinge zu hinterfragen, die man bis dahin als völlig normal erachtet hat.
Oder noch schlimmer, man entdeckt so etwas beim eigenen Partner. Kratzt er sich an der Nase, während man ihn fragt, ob er einen noch liebt, meint man plötzlich zu wissen, er sei unsicher und müsse erst darüber nachdenken. Also überlegen Sie gut, worauf Sie sich einlassen. Ich jedenfalls habe Sie gewarnt. Und wer vor nichts zurückschreckt, der hat zudem die Möglichkeit, sich in weiterführende Literatur einzuarbeiten. Die entsprechende Literaturliste ist übrigens ganz am Ende des Buches zu finden.

Grund 1: Widerborstigkeit

Was empfinden Menschen, wenn Ihnen jemand sagt, was sie zu tun und was sie zu lassen haben? Genau: Die einen spüren Widerstände, die anderen freuen sich, dass ihnen endlich einmal einer sagt, was sie tun sollen.

Also, ich glaube, ich bin eher jemand, der Widerstände spürt, und zwar ziemlich große. Das geht mir ja schon so, wenn ich mir *selbst* Vorschriften mache. Nehmen wir einmal an, ich habe mir vorgenommen, eine Diät durchzuführen, und zwar so eine ganz ohne Freude, kein Fett, kein Zucker, keine Kohlenhydrate.
Kaum habe ich den Vorsatz gefasst, schon läuft bei mir ein immer ähnliches Schema ab. Zunächst habe ich Glücksgefühle, denn der erste Schritt Richtung Traumfigur ist getan. Ich gehe mit einer sorgfältig ausgearbeiteten Liste einkaufen, und wenn ich dann den mit Salat und anderer Rohkost gefüllten Einkaufswagen Richtung Kasse schiebe, macht sich plötzlich ein etwas unangenehm nagender Heißhunger breit.
Und schon habe ich mit meinen eigenen Widerständen zu kämpfen. Ich bekomme Fantasien von knusprigen Hähnchen mit Pommes und Mayo, die nach relativ kurzer Zeit so übermächtig werden, dass ich mir schnurstracks die Freiheit nehme, das zu essen, worauf ich Appetit habe.
Ohne Einschränkung.
Meine Erfahrung ist: Letztlich machen Diäten dick. Aber das ist ja nichts Neues.
Die Sache mit den Widerständen verhält sich übrigens ganz ähnlich im Umgang mit alltäglichen Regeln, also Regeln, die ich mir nicht selbst überlegt habe, sondern die mir einfach vorgegeben werden. An die ich mich also halten soll, ob ich will oder nicht.

Und wenn mir das dann so richtig klar wird, also, dass ich gar nicht will, dann kann schon einmal der ein oder andere Widerstand auftauchen. Und der kann hartnäckig sein. Schon habe ich das Gefühl der Fremdbestimmung und Bevormundung.
Angenommen, ich befinde mich im Supermarkt an der Obsttheke direkt vor einer Ablage mit Erdbeeren. Die Erdbeeren sind bereits in blaue, rechteckige 500g-Körbchen abgepackt.
Nun ist es ja so, dass ich als Kunde keine halbreifen grünen oder gar faule Erdbeeren kaufen möchte, also muss ich, um dem zu entgehen, einzelne Erdbeeren austauschen, was übrigens ziemlich viel Arbeit ist, die sich aber durchaus lohnt.
Gerade bin ich konzentriert bei der Sache, schon kommt ein Angestellter des Supermarktes und weist mich in einem – wie ich finde – sehr dominanten, fast schon respektlosen Tonfall darauf hin, dass die Erdbeerkörbchen so zu kaufen seien, wie sie angeboten werden. Sonst verändere sich nämlich das Gesamtgewicht.
Also, was unterstellt mir dieser Kerl denn da?
Ich achte sehr wohl auf das Gesamtgewicht. Eine mittelgroße grüne wird gegen zwei kleine leckere getauscht. Und eine große dann eben gegen drei kleine. Undsoweiter.
Würde ich wilde Sachen machen, also etwa Erdbeeren gegen Äpfel tauschen oder gar gegen Pfifferlinge,

dann könnte ich ja die Aufregung verstehen, aber so bleibt doch das Gesamtgewicht aller Schälchen gleich. Ich überprüfe ja schließlich noch nicht einmal, ob die roten auch tatsächlich so süß sind, wie sie aussehen. Nein, da habe ich Vertrauen.

Und letztendlich gleicht sich das dann von Schälchen zu Schälchen auch wieder aus, zumindest mehr oder weniger. Also bis auf die arme Socke, die das allerletzte Schälchen kauft. Aber die hat dann ja auch keinen Vergleich mehr mit den anderen Erdbeeren.

Und wer nichts zum Vergleichen hat, ärgert sich auch nicht. Zumindest nicht so stark.

Ich ärgere mich allerdings schon, und zwar über den Verkäufer. Ich sehe nämlich überhaupt nicht ein, warum ich mich von dem zwingen lassen soll, faule Erdbeeren zu kaufen. Und was macht man in so einem Fall?

Na, da gibt es natürlich keine pauschale Antwort. Es ist vielmehr abhängig davon, was für ein Flegeltyp man ist. Und das ist übrigens ganz einfach herauszufinden, nämlich entweder durch kritisches Grübeln oder aber mit Hilfe des Regelflegel-Tests auf S. 137.

Bin ich demnach etwa ein eher Regeltreuer, nehme ich den Hinweis des Supermarktangestellten sehr ernst und verhalte mich auch entsprechend. Bin ich hingegen nicht ganz so regeltreu, suche ich möglicherweise Argumente, die die Logik meiner Sortieraktion untermauern. Fruchten diese nicht, gebe ich natürlich nach,

es gibt schließlich Wichtigeres als Erdbeeren in blauen Körbchen.
Bin ich jedoch weit entfernt von jeglicher Regeltreue, werde ich mit allen Mitteln versuchen, mich durchzusetzen, um meine geraubte Freiheit wieder zu erlangen, so z. B. direkt und ohne Umschweife, in dem ich den Supermarktfritzen ignoriere, fertig sortiere und dann mit meinem voll gefüllten Erdbeerkörbchen hoch erhobenen Hauptes zur Kasse gehe. Ich meine, der kann ja sowieso nichts machen. Er wird wohl kaum wegen einer grünen Erdbeere die Polizei rufen. Das wäre auch unangemessen, ja fast kleinkariert.
Oder aber ich werde wütend, also ich meine *richtig* wütend, und zwar laut und ungehemmt. Das ist nicht unbedingt zielführend, hilft mir aber, meine Aggressionen abzubauen. Das ist ja schließlich auch wichtig.
Und dann gibt es noch einen dritten Weg: Ich tue einfach so, als ob ich nachgäbe und die geschilderte Problematik mit dem Gesamtgewicht der Erdbeerkörbchen nachvollziehen könnte. In Wahrheit warte ich jedoch nur auf die nächste Gelegenheit, mein Ziel doch noch zu erreichen, also die halbreifen Erdbeeren angemessen loszuwerden.
Und ich sage Ihnen, die kommt.

Grund 2: Fehleinschätzungen

Regeln haben einen Sinn. Das ist unbestritten. Also nicht *jede* Regel. Aber doch immerhin *viele* Regeln. Oder zumindest *einige* davon. Anders gesagt: Es gibt in Deutschland auch Regeln, die einen Sinn haben. Allerdings ist dieser nicht immer ganz leicht zu erfassen. Warum ist es beispielsweise für erwachsene Fahrradfahrer verboten, auf dem Bürgersteig zu fahren? Ich meine, Platz ist doch genug und wenn sich die Fußgänger schön rechts halten, gibt es auch keine Probleme. Zumindest nicht vonseiten der Fahrradfahrer.

Auch das Argument mit der Sicherheit greift nicht. Denn auf dem Bürgersteig zu fahren, ist für mich als Fahrradfahrer weitaus weniger gefährlich als die schreckliche Schlängelei auf den Straßen zwischen all den hupenden Autos.

Aber ich sehe ja ein: Es gibt eben Regeln, die muss man einfach akzeptieren, ob man sie nun nachvollziehen kann oder nicht. Und eines muss gesagt werden: Wir Fahrradfahrer dürfen ja wenigstens die Einbahnstraßen nutzen, und zwar egal in welche Richtung. Ganz legal. Tja, dann ärgern wir eben Autofahrer statt Fußgänger. Da bin ich flexibel.

Außerdem ist das sowieso besser, denn die Autofahrer schimpfen nicht ganz so laut, wobei ich das aufgrund meiner Musikstöpsel im Ohr zumeist sowieso nicht höre.

Fehleinschätzungen werden übrigens zumeist dann getroffen, wenn man selbst davon überzeugt ist, man könnte sich locker über eine Regel hinwegsetzen, da man alles fest im Blick hat und natürlich sämtliche Risiken abschätzen kann.
Leider ist dem oftmals nicht so. Ganz im Gegenteil: Man hat weder Ahnung noch alles unter Kontrolle, stattdessen eine wilde Erklärung, an die man auch noch fest glaubt. Und weil man so fest an die eigene Erklärung glaubt, handelt man entsprechend risikofreudig.
Stellen Sie sich einmal vor, Sie fliegen in den Urlaub. Während des Fluges haben Sie das dringende Bedürfnis, zur Toilette zu gehen, allerdings leuchten die Anschnallzeichen. Was denken Sie? Würden Sie die Toilette trotz der Anschnallzeichen aufsuchen? Ein Großteil der Passagiere, denen ich tatsächlich einmal im Rahmen einer größeren Untersuchung genau diese Frage gestellt habe, war der festen Überzeugung, dass dies zwar verboten sei, sie aber in dringenden Fällen trotzdem gehen würden. Sollten sie gerade auf der Toilette sein und es finge an zu wackeln, würden sie sich festhalten oder so verkanten, dass ihnen nichts passieren könne. Außerdem sei die Toilette doch so klein, dass man sowieso nicht weit fallen könne.
Ich meine, gegen ein gesundes Selbstbewusstsein ist ja nichts einzuwenden, aber bei einer solch maßlosen Selbstüberschätzung verbunden mit gefährlichem

Halbwissen wird mir ganz schwummerig. Also, während einer Achterbahnfahrt würde doch schließlich auch keiner auf die Idee kommen aufzustehen, oder? Aber ich vermute mal, dass oftmals auch ein Mangel an Erfahrung eine Rolle spielt. Denn wer einmal plötzlich auftretende Turbulenzen erlebt hat, weiß die Sicherheit eines Anschnallgurtes durchaus zu schätzen.

Die Sache mit der Sicherheit mag ja bei einigen Regeln tatsächlich zutreffen, aber eben nicht bei allen. Es gibt nämlich auch solche, bei denen es einem durchaus schwerfällt, den Sicherheitsaspekt zu erkennen.

So wurde vor Kurzem eine Freundin, die sich »oben ohne« in einem öffentlichen Park sonnte, von einem Ordnungshüter darauf hingewiesen, dass dies »Erregung öffentlichen Ärgernisses« sei. Würde etwa ein Autofahrer vorbeifahren und sähe sie barbusig im Gras liegen, wäre ihr Busen sozusagen Unfallursache. Also,

die »Erregung« lasse ich ja noch gelten, aber wenn er sich doch freut, wo bleibt dann das Ärgernis?
Nun gut, bei einigen Regeln bedarf es anscheinend hemmungsloser Fantasien.

Grund 3: Die Anderen

Es gibt auch Situationen, in denen ich nicht hundertprozentig weiß, ob etwas erlaubt ist oder nicht. So bin ich mir beispielsweise unsicher, ob ich beim Einkaufen die Tüte Chips schon vor der Kasse öffnen darf oder aber streng warten muss, bis ich bezahlt habe?
Wie sieht das mit dem Anprobieren von Schuhen in Schuhgeschäften aus, darf ich das auch barfuß? Wenn nein, wie mache ich das dann beim Kauf von Flip Flops? Und wie schnell darf ich eigentlich auf einer nassen Landstraße fahren?
Und ab wann ist eine Straße überhaupt nass?
Je mehr Gedanken ich mir über solche Fragen mache, desto größer wird meine Verwirrung. Und? Was macht man in solchen Situationen? Genau, man orientiert sich an seinen Mitmenschen.
Und das ist ja nun wirklich kein Problem: Ich suche mir einfach jemanden heraus, bei dem ich denke, er könnte ein Vorbild sein. Dann beobachte ich diesen, schaue also ganz genau hin, wie er es macht, präge mir alles bis ins kleinste Detail ein, warte ab, ob er mit seinem Verhalten durchkommt oder aber bestraft wird, und

ahme ihn dann in einem geeigneten Moment gegebenenfalls nach. Schon weiß ich, wie es geht. Und die anderen werden ja schließlich wissen, was richtig und falsch ist.
Es handelt sich hierbei sozusagen um ein *Training im Alltag*, und zwar eines mit vielen Vorteilen. Denn ich kann mir die Lehrer frei wählen, es geht an jedem Ort zu jeder Zeit und ist zudem völlig kostenfrei.
Aber es kommt noch besser: Ich muss noch nicht einmal vor die Tür gehen, ich kann mich auch einfach ganz gemütlich ins Wohnzimmer auf die Couch setzen und den Fernseher anschalten.
Ich lerne also auf modernem medialem Wege. Und da lerne ich eine ganze Menge, so etwa, dass nicht nur Hinz und Kunz regelflegeln, sondern auch Politiker.
Nutze ich beispielsweise als Politiker meinen Dienstwagen für eine private Reise, verbinde ich diese einfach mit einem (angeblich) dienstlichen Termin. Stellen die Medien dann den privaten Anlass in den Vordergrund, stelle ich mich eben als Opfer einer Kampagne dar.
Alle, die dann gegen mich sind, liegen falsch, schließlich wollte ich doch nur Geld sparen, und zwar unser aller Geld. So ist es doch viel billiger, die Unterlagen, die ich natürlich im Urlaub zum fleißigen Arbeiten brauche, per Auto als via Flugzeug transportieren zu lassen. Also: der Regelverstoß als Sparmaßnahme.
Und wenn dann noch einer auf die Idee kommt, mich anhand des Einblicks in die Fahrtenbücher überführen

zu wollen, sage ich einfach, dass das aus Datenschutzgründen leider nicht möglich sei.
Man muss also immer ein gutes Argument parat haben und darf keinesfalls Einsicht oder gar Reue zeigen. Und das konsequent.
Meine Moral gerät ins Wanken und mein Gerechtigkeitsempfinden auch. Stellt sich hier nicht gerade derjenige als Vorbild dar, der Regeln bricht oder aber sein Verhalten gar nicht erst als Regelbruch gelten lässt?
Und was heißt das jetzt für mich? Möchte ich so jemandem nacheifern? Wohl eher nicht, aber eines muss ich doch zugeben: Wenn ich meine Regelverstöße mit deren Fehltritten vergleiche, empfinde ich mein Flegeln als eher unspektakulär, und das wiederum gibt mir ein ganz gutes Gefühl.
Doch zurück zu den alltäglichen Vorbildern. Von denen gibt es übrigens jede Menge. Es besteht also kein Mangel. Und das ist ja auch schon einmal beruhigend. Allerdings gibt es bei diesem sogenannten Lernen am Modell einen entscheidenden Nachteil: Ich finde nämlich nicht zu jeder Zeit für jedes Problem ein Vorbild. So kann ich zum Beispiel nicht davon ausgehen, im Supermarkt genau in dem Moment, in dem ich mich mit meiner Chips-Tüte auseinandersetze, jemand anderen zu treffen, der ebenfalls gerade überlegt, ob er die noch nicht bezahlte Tüte öffnen darf.
Aber manchmal muss man eben auch selbst Vorbild sein, also sozusagen den anderen die Last der Ent-

scheidung abnehmen und mutig zeigen, was geht und was nicht. Eine Hand wäscht die andere. Das finde ich persönlich vollkommen in Ordnung.

Und neulich hatte ich dann auch genau diese Situation. Ich öffnete die Chips-Tüte, bevor ich zur Kasse ging. Ich muss hinzufügen, ich hatte auch allen Grund dazu. Erstens hatte ich Hunger und zweitens musste ich an der Kasse unangemessen lange warten.

Die Kassiererin war übrigens nicht begeistert und wies mich mit vorwurfsvollem Blick darauf hin, dass die Chips-Tüte rein rechtlich gesehen erst nach dem Zustandekommen des Vertrages, also nach dem Zahlen der Ware, in mein Eigentum überginge. Ich fragte sie, was sie nun zu tun gedenke. Letztlich hatte sie die Wahl zwischen zwei Möglichkeiten: Entweder sie nimmt die Tüte Chips zurück, oder aber ich zahle diese. *Ich* kann mit beiden Varianten leben. Sie entschied sich für letztere. Nun gut, das hatte ich ja sowieso vor.

Es gibt aber auch noch einen ganz anderen Weg, um von seinen Mitmenschen zu lernen, also nicht durch Vorbilder, sondern durch Mund-zu-Mund-Propaganda.

Nehmen wir einmal an, ein Bekannter hat eine tolle Erfahrung gemacht und redet darüber. Derjenige, der dies erzählt bekommt, denkt natürlich sofort, dass er das auch ausprobieren möchte. Macht dieser dann eine ähnliche Erfahrung, redet auch er darüber. Und-

soweiterundsofort. Und schon machen Tipps und Tricks die Runde.
Ein typisches Beispiel ist das Ausfüllen der Steuererklärung. Man soll ja möglichst viele Ausgaben aufführen, sodass diese dann weggestrichen werden können. Habe ich zumindest gehört. Das Interessante daran ist, dass man das nicht zum eigenen Vorteil macht, also zumindest nicht unmittelbar. Ganz im Gegenteil, man macht es vielmehr für den Finanzbeamten. Der soll nämlich ein gutes Gefühl bekommen. Und das hat er, wenn er Dinge streichen kann. Mir kam das anfangs offen gestanden auch etwas merkwürdig vor, aber ich glaube, jede Berufsgruppe hat ihre Eigenheiten.
Und ich finde, dass das ein guter Tipp ist. Man soll ja schließlich nicht immer nur an sich selbst denken, sondern auch die Bedürfnisse von anderen berücksichtigen. Und wenn das so einfach geht, sehe ich auch kein Problem darin, hier und da Sachen anzugeben, damit sie wieder gestrichen werden können.
Manchmal klappt das dann, und manchmal auch nicht – also das Lernen durch Mitmenschen. Ein Versuch lohnt sich in jedem Fall. Ich jedenfalls habe mir fest vorgenommen, meine Mitmenschen immer wieder zu beobachten und mich mit ihnen auszutauschen. Allein schon, weil lebenslanges Lernen von allen Seiten empfohlen wird. Das hält nämlich fit und gesund, besonders die Hirnzellen.

Grund 4: Das Kribbeln

Und manchmal macht eben schon der Gedanke an etwas Verbotenes oder Risikoreiches einfach irren Spaß und versetzt mich rasend schnell in Wallung. Wenn ich mir dann noch vorstelle, ich würde auch noch umsetzen, was ich mir vorstelle, ist mir der »Kick« schon fast wieder zu groß.

Aber jeder empfindet natürlich anders. So fährt ein Bekannter von mir öfter schwarz mit der U-Bahn, nicht etwa, weil er knapp bei Kasse ist oder es nicht einsieht zu zahlen, nein, nein, er findet es unglaublich spannend zu sehen, ob ein Kontrolleur kommt oder nicht. Und noch spannender findet er es zu testen, ob er es schafft, diesem zu entwischen.

Nun gut, man sollte sicherlich ab und an seinen Bekanntenkreis neu überdenken. Andererseits würde man bei allzu striktem Ausschlussverfahren wahrscheinlich schnell einsam und alleine dastehen. Letztlich sucht doch jeder nach neuen Erfahrungen, vielleicht sogar nach solchen, die gewisse Risiken in sich bergen? Der eine spielt Poker, der nächste hüpft freiwillig, lediglich an einem Seil befestigt, von einer Brücke und der übernächste findet es besonders aufregend, wenn etwas heimlich vonstatten geht. Und hierbei ist es egal, ob man in der Schule spickt, Drogen ausprobiert, den Partner betrügt oder Sex im Parkhaus hat.

Wichtig ist der doppelte Kick. Denn zum einen kribbelt

es, weil man etwas Verbotenes macht und zum anderen, weil das Risiko besteht, erwischt zu werden. Und schon ist die Langeweile verschwunden. Stattdessen ist man abgefüllt mit Adrenalin und fühlt sich stark und unangreifbar.
Aber Achtung: Dieser Zustand ist bisweilen nur von kurzer Dauer, denn irgendwann, und das kann ziemlich bald sein, kommt die Sehnsucht nach dem nächsten Kick. Und der sollte schon noch ein bisschen intensiver sein.

Grund 5: Erfolg

Erfolg haben möchte doch jeder gerne. Oder etwa nicht? Ich jedenfalls schon. Und bei Regelverstößen ganz besonders. Ich verstoße ja schließlich nicht umsonst, sondern mit Ziel und Strategie. Und auch Hindernisse können mich nicht aufhalten.
Allerdings gibt es ein Hindernis, das mir ab und an regelrechtes Kopfzerbrechen bereitet. Und hierbei handelt es sich nicht etwa um *irgendein* Hindernis, sondern um ein ganz zentrales, nämlich um die Frage: »Was, wenn ich erwischt werde?«. Diese Schmach will wohl keiner über sich ergehen lassen. Zumindest nicht freiwillig.
Alle schauen einen an, manche hämisch grinsend, andere bloß neugierig. Man selbst fängt an zu schwitzen, die Schweißperlen sammeln sich auf der Oberlippe und unter den Armen. Man möchte sich in Luft auflö-

sen oder zumindest eine gute Idee für eine glaubwürdige Ausrede erhaschen.
Alles in allem: eine entsetzliche Vorstellung!
Doch gibt es einen Weg, wie man solche diffamierenden Situationen gänzlich umgehen oder aber zumindest auf ein minimales Restrisiko reduzieren kann. Dieser Weg ist bislang weitestgehend unbekannt und sollte, wenn möglich, auch nicht in aller Öffentlichkeit breit getreten werden.
Beschreiten kann ihn übrigens nahezu jeder, wenngleich anzumerken ist, dass dies Menschen mit einem mathematischen Grundverständnis zumeist etwas leichter fällt. Ich muss nämlich neben den Vor- und Nachteilen, die ein Regelverstoß mit sich bringt, die Wahrscheinlichkeit berechnen. Und zwar die Wahrscheinlichkeit, erwischt zu werden.
Wie gesagt: Gegen Regeln zu verstoßen ist kein Zuckerschlecken. So ist beispielsweise in rein finanzieller Hinsicht das Schwarzfahren mit öffentlichen Verkehrsmitteln bereits nach wenigen Fahrten ein Plusgeschäft.
Angenommen eine Fahrt kostet 2,40 Euro. Je öfter ich fahre, ohne zu bezahlen, desto mehr spare ich. Wenn ich nun im Jahr 218 Fahrten antrete, habe ich 523,20 Euro erwirtschaftet. Schon habe ich einen satten Gewinn, den ich noch nicht einmal bei der Steuer angeben muss. Doch ganz so einfach ist es nicht, denn jetzt kommt der Wahrscheinlichkeitsfaktor ins Spiel.

Schätze ich die Wahrscheinlichkeit, erwischt zu werden als niedrig ein, nun ja, dann macht es mir nichts aus, bei jeder fünfzigsten Fahrt 40,- Euro zu zahlen und eventuell irgendwann einmal ein paar Sozialstunden ableisten zu müssen.

Also, ich finde, das sollte sowieso jeder einmal im Leben tun. Ehrenamtliche Arbeit hat schließlich noch keinem geschadet.

Gehe ich jedoch davon aus, dass die Wahrscheinlichkeit recht hoch ist, werde ich einen Teufel tun, dieses Risiko ständig einzugehen. Ich bin doch nicht bescheuert.

Und was folgt daraus? Also aus der Sicht der Anständigen und Regeltreuen? Genau, der Erfolg muss vermiest werden, und zwar gründlich. Allerdings nicht durch höhere Strafen – denn Abschreckung ist zumeist kein geeignetes Mittel – sondern vielmehr durch eine gezielte Beeinflussung der Wahrscheinlichkeitsrechnung. Mathe hin oder her, ich glaube, das versteht wohl jeder, oder? Und nicht nur das! Es sollte auch bewusst werden, warum es so wichtig ist, dass jeder bezahlt.

Sollten Sie jetzt eine Handvoll Fragezeichen im Kopf haben, ist dies zwar irritierend, aber, keine Sorge, für die heutige Gesellschaft durchaus üblich.

Warum Verstöße sinnvoll sind – zumindest aus eigener Perspektive

Es kann die absurde Situation auftreten, dass ich Regeln für sinnvoll halte – Moment! Der Satz ist noch nicht fertig – und sie trotzdem nicht befolge.
So bin ich beispielsweise absolut davon überzeugt, man solle sich beim Autofahren stets anschnallen, sei die Fahrt auch noch so kurz, und trotzdem gibt es hin und wieder die ein oder andere Situation, in der ich unangeschnallt fahre. Ich gehe also ein Risiko ein, obwohl ich mir der damit einhergehenden Gefahr absolut bewusst bin.
Normalerweise müsste sich dann doch ein schlechtes Gewissen oder zumindest ein leichtes Unwohlsein breitmachen. Doch nichts dergleichen ist zu verzeichnen. Ganz im Gegenteil, ich fühle mich sogar ganz gut, fast ein bisschen frei und unbeschwert.
Ähnliche Gefühlswallungen habe ich übrigens, wenn ich das Geld für den Parkschein gespart oder bereits gelesene Bücher erfolgreich umgetauscht habe. Spätestens hier wäre doch zumindest ein kurzes Schuldbewusstsein angebracht.
Dem ist aber nicht so, und zwar aus einfachem Grund: Ich habe nämlich gelernt, flexibel mit Regeln umzugehen. Und nicht nur das, ich fühle mich dabei auch noch im Recht.

So habe ich neulich am Schwarzen Brett im Supermarkt einen Aushang entdeckt, auf dem stand, dass ab sofort eine Garage zu vermieten sei. Anhand des Datums konnte ich erkennen, dass der Zettel gerade an diesem Tag erst aufgehängt worden war. Also riss ich nicht – wie vorgesehen – *einen* der perforierten Abschnitte mit der Telefonnummer ab, sondern bemächtigte mich gleich des gesamten Zettels, was zugegebenermaßen anderen Interessenten die Möglichkeit nahm, ebenfalls ihr Glück zu versuchen.
Doch ist das nicht etwas zu einseitig gedacht? Natürlich haben die anderen nun keine Chance mehr, die Garage zu mieten. Aber ist das denn so schlimm? Sie waren einfach zu langsam.
Glücklicherweise wissen sie jedoch gar nicht, dass sie zu langsam waren. Und wie bereits festgestellt: Wenn man etwas nicht weiß, kann man sich auch nicht darüber ärgern.
Anders wäre es gewesen, hätte ich den Zettel hängen lassen. Dann nämlich hätten sie freudig erregt zum Telefon gegriffen, um im nächsten Moment zu erfahren, dass ihnen die Garage vor der Nase weggeschnappt wurde. Und das Gefühl kenne ich. Ziemlich gut sogar. Das wünscht man seinem ärgsten Feind nicht.
Schließlich ist es ziemlich unfair, jemandem erst eine lange Nase zu machen, um ihn dann bewusst in eine tiefe Enttäuschung stürzen zu lassen.
Demnach kann das Abhängen des gesamten Zettels inklusive aller Telefonnummern nahezu als soziale

Handlung gesehen werden, sozusagen ganz im Sinne der unzähligen Mitmenschen.

Durchsichtige Ausreden

Tja, so komme ich eigentlich ganz gut durchs Leben. Ich habe je nach Bedarf die ein oder andere Strategie, um mein Verhalten zu rechtfertigen und somit jegliches Unrechtsbewusstsein oder gar Schuldgefühl bereits im Keim zu ersticken.
Und hierbei handelt es sich um waschechte Rechtfertigungen und nicht etwa um weithergeholte, durchsichtige Ausreden.
Der Unterschied zwischen Rechtfertigungen und Ausreden ist übrigens ganz simpel: Wenn wir uns für unser regelwidriges Verhalten rechtfertigen, glauben wir sogar, was wir sagen, und das ohne Wenn und Aber. Wenn wir uns hingegen mit Ausreden begnügen, wollen wir zumindest nach außen besser dastehen, als wir es verdient hätten. Wir wissen also ganz genau, was wir gerade für einen Blödsinn erzählen.

Ausreden für Geschwindigkeitsüberschreitungen:
»Sorry, dass ich zu schnell gefahren bin, aber ...

... das Motorengeräusch meines Autos ist so leise, dass ich manchmal gar nicht merke, dass ich überhaupt fahre.«

- ... ich habe das Schild nicht gesehen.«
- ... ich kenne die Strecke wie meine Westentasche.«
- ... ich habe meiner Frau zugehört.«
- ... ich wollte den Wagen aus energietechnischen Gründen ausrollen lassen.«

Ausreden für Seitensprünge:
»Sorry, aber am Freitagabend habe ich keine Zeit, weil ...

- ... ich mich unbedingt mit meinem Steuerberater zusammensetzen muss.«
- ... wir einen richtigen Männerabend machen wollen.«
- ... ich Überstunden machen muss.«
- ... ich einfach mal Zeit ganz für mich alleine brauche.«
- ... ich ein Geschäftsessen habe.«

Mal ganz im Ernst, wenn man so etwas liest, dann kann man doch richtig stolz darauf sein, nicht solche Ausreden anbringen zu müssen, sondern auf gut durchdachte Rechtfertigungen zurückgreifen zu können. Und diese, das kann ich garantieren, sind äußerst facettenreich. Es ist also nicht immer nur der soziale Aspekt, der dahinter steckt, nein, nein, es gibt da noch viele andere Ideen.

Mit oder ohne?

So fragte mich neulich ein Handwerker, nachdem er meine Dusche repariert hatte, ob ich mit oder ohne Rechnung zahlen wolle. Im ersten Moment war ich verdutzt, im zweiten fing ich an grübeln:

- Hat er Arbeiten durchgeführt, für die ich eventuell Regress fordern muss, also z.B. Reparaturen an der Sicherung oder der Heizung? Wenn ja, wäre eine offizielle Rechnung sicherlich sinnvoll. Bei der Dusche ist das allerdings nicht der Fall, denn eine Dusche tropft oder tropft nicht. Wenn sie nicht tropft, fängt sie normalerweise nicht plötzlich an zu tropfen. Bis sie dann wieder tropft, ist die Frist für einen Regressanspruch sowieso abgelaufen. Also ist der Regressanspruch in diesem Fall kein Argument.
- Ist der Regelverstoß verwerflich? Sicherlich ja, aber ich finde, seiner ist noch ein bisschen verwerflicher, denn er hat zuerst gefragt, mich also erst auf die Idee gebracht.

Wie machen das die anderen? Vermutlich beschubsen die anderen auch, und zwar nicht nur bei einer kleinen Duschreparatur. Eigentlich kenne ich keinen, der den Staat nicht schon einmal hintergangen hat. Mein Verhalten wäre also keine Ausnahme, sondern vielmehr normal. Außer ich würde eine Rechnung fordern, dann wäre ich die Ausnahme.

Ich schwanke also. Der Handwerker schaut mich strahlend an. Eigentlich möchte ich ihn nicht enttäuschen. Dann gebe ich mir einen Ruck und ...
Ich möchte Sie an dieser Stelle um Verständnis für eine gewisse Diskretion bitten. Ansonsten traut sich wahrscheinlich kein Handwerker mehr, mich zu fragen, ob ich mit oder ohne möchte. Und das wäre schade.

Festliche Kleidung erwünscht

Es gibt natürlich auch Situationen, in denen völlig offensichtlich ist, dass man gegen Regeln verstoßen hat, aber – und das ist das Interessante daran – man findet es weder tragisch noch unmoralisch. Schließlich ist kein Schaden entstanden, noch nicht einmal ein kleiner, zumindest kein direkt erkennbarer.
Inwieweit hier in der Tat keiner einen Schaden erlitten hat oder einfach die eigene Wahrnehmung völlig

verdreht ist, muss natürlich jeder für sich selbst beantworten.

Eine Bekannte – *Freundin* zu sagen, ist mir in diesem Fall eher unangenehm – hatte eine Einladung zu einer Hochzeit. Auf der Einladung stand «festliche Kleidung erwünscht". Da sie nicht einsah, für ein einmaliges Ereignis horrend viel Geld für den Kauf eines Kleides auszugeben, wählte sie einen anderen Weg, einen gänzlich anderen: Sie kaufte sich ein Kleid, trug es am besagten Abend, lüftete es sorgfältig, brachte es mit Leidensmiene zurück ins Geschäft und behauptete, ihr Gatte hätte gesagt, das Kleid betone ihre Hüfte zu sehr. Nun sei sie verunsichert und müsse es gezwungenermaßen wieder zurückgeben.

Als sie mir dies erzählte, fügte sie noch einen Tipp hinzu. Es sei nämlich wichtig, darauf zu achten, keine Schminke am Hals und kein aufdringliches Deo unter den Armen zu benutzen.

Ich war fassungslos. Was für Menschen tummeln sich eigentlich in meinem Bekanntenkreis?

Und dann setzt sie auch noch einen drauf und sagt, sie könne gar nicht verstehen, warum ich das so schlimm fände, sie hätte weder etwas kaputt gemacht, noch hätte sie eine ansteckende Krankheit, noch hätte jemand überhaupt etwas bemerkt und außerdem mache sie so etwas natürlich nur in Phasen des akuten Geldmangels.

Also, ich bin ja für vieles zu begeistern, aber das geht

mir persönlich doch zu weit. Und eines garantiere ich Ihnen: Ich wasche seitdem alle neu gekauften Kleidungsstücke, auch die verpackten.

Ist gelb noch grün oder schon rot?

Es gibt natürlich auch Verstöße, die ich ausschließlich deswegen durchführe, um anderen keine Schwierigkeiten zu bereiten. Oder anders ausgedrückt: Es gibt bisweilen Situationen, in denen mehrere wichtige Regeln gelten, die einander widersprechen. Also muss ich notgedrungen der in diesem Moment allerwichtigsten Regel den Vorzug geben, und das natürlich immer im Hinblick auf meine Mitmenschen.

Fahre ich beispielsweise meine Tochter zum Tanztraining, bin ich mehrfach mit Situationen konfrontiert, in denen ich mich sekundenschnell entscheiden muss. Springt etwa eine Ampel von grün auf gelb, stellt sich die Frage, ob dies noch als grün oder bereits als rot zu werten ist. Wäre es als rot zu werten, müsste ich eine weitere Ampelphase warten, sodass meine arme Tochter wieder einmal zu spät zum Training käme. Und natürlich darf man die besagten Hintermänner, also diejenigen, die einem mit ihrem Auto schon fast die Stoßstange küssen, nicht vergessen.

Hier verbirgt sich übrigens eine Schwierigkeit, die es zu bewältigen gilt. Mein Hintermann ist mir gänzlich unbekannt, das heißt, dass ich ihn weder kenne noch einschätzen kann. Ich weiß also nicht, ob er einer ist, der Gelb eher als Grün sieht oder einer, der doch zum Rot tendiert. Es könnte jedoch auch einer sein, der sich nicht entscheiden kann, oder noch schlimmer, einer, der sich im letzten Moment noch einmal umentscheidet, also ein sogenannter Blitzentscheider. Und schon sitze ich in der Klemme. Mir wird klar: Es gibt nur eine Möglichkeit, und zwar die Flucht nach vorn. Also Fuß aufs Gas, Augen zu und schnell weg. Immerhin kommt so die Tochter pünktlich zum Training, und meinem vermutlich unberechenbaren Hintermann bin ich auch entkommen.

Tja, das Leben kann ganz schön kompliziert sein.

Gedanken einer einsamen Frau auf einer Streuobstwiese

In ein ähnliches Entscheidungsdilemma schlitterte ich mitten auf einer Wiese: Ich stand vor einem prall gefüllten Apfelbaum. Der Baum stand auf einer Streuobstwiese. Ich wollte einen Apfelkuchen backen, hatte aber keine Äpfel. Der Baum gehörte nicht mir. Wem er gehörte, wusste ich nicht, interessierte mich auch nicht. Äpfel, die auf dem Boden liegen, dürfen auf diesen Wiesen gesammelt werden. Es lagen aber keine Äpfel auf dem Boden. Zumindest keine ohne Wurm.

Der Himmel sah fast ein bisschen dunkel aus. Es hätte sogar sein können, dass ein Gewitter aufzieht. Käme

ein Gewitter, würden danach Äpfel auf dem Boden liegen. Gewitter sind allerdings gefährlich. Insbesondere wenn man unter Bäumen steht. Also musste ich mich beeilen. Die Zeit drängte.
Würde ich schütteln, würden Äpfel fallen. Genau wie durch ein Gewitter. Also ... schüttelte ich.
Apfelkuchen gab es trotzdem keinen, denn ich hatte auch keine Eier und die jetzt ebenfalls noch zu besorgen, hätte mich nun wirklich zu viel Zeit gekostet.

Das Rechtfertigen von Verstößen ist letztlich ganz einfach: Man braucht lediglich einige Fakten, vermischt diese locker mit Vermutungen, verliert sein Ziel dabei nicht aus den Augen und verknüpft alles mehr oder weniger logisch miteinander. Schon hat man eine gute Begründung, die einen auch selbst überzeugt. Allerdings fällt dieses manchen Menschen leichter als anderen. Grundvoraussetzung für die erfolgreiche Anwendung einer solchen strategischen Vorgehensweise ist nämlich ein intensives Lernumfeld. Denn gute Rechtfertigungen müssen oft genug hart erarbeitet werden, so etwa durch genaues Beobachten der Mitmenschen.
Hinhören hilft übrigens auch. Erweist man sich als guter oder gar exzellenter Beobachter und Zuhörer, wird man früher oder später selbst in der Lage sein, über ein ähnlich ausgeprägtes Repertoire an Rechtfertigungsstrategien zu verfügen.

Allerdings gibt es eine Gruppe von Flegeln, die diesen steinigen Weg des mühseligen Erarbeitens von Strategien weder kennt noch benötigt. Nämlich die, die das Verstoßen gegen Regeln unbeeindruckt und mit links vollziehen. Denn wer Regeln sowieso nicht anerkennt, verspürt auch kein Unbehagen, wenn er dagegen verstößt.

Warum andere verstoßen und ich mich ärgere

Klar ärgere ich mich oft. Sie etwa nicht? Besonders über die anderen. Ich meine die, die sich vordrängeln, mir den Weg versperren, den letzten Sitzplatz vor der Nase wegschnappen, mich fast umfahren, mich anlügen und natürlich auch die, die meinen, mir demonstrieren zu müssen, sie seien flinker, pfiffiger oder einfach nur frecher als ich.

Der Ärger mit dem Ärger

Manchmal ärgere ich mich allerdings auch über mich selbst. Das ist übrigens am Schlimmsten. Dann fehlt mir das Feindbild. Habe ich kein Feindbild, kann ich nicht zielgerichtet losschimpfen oder jemand anderen zur Verantwortung ziehen oder wenigstens Verbündete suchen. Nein, stattdessen stehe ich völlig verknotet da. Durchdrungen von Wut und Selbstzweifeln, die an mir nagen, wie verfressene Mäuse am Käse.
Aber das kommt natürlich relativ selten vor. Und wenn doch, gibt es einen Trick, und zwar einen äußerst hilfreichen. Ich will ja schließlich meinen Ärger loswerden, und zwar schnell und unbeschadet.
Ich rede hier nicht von sportlicher Betätigung, wobei

das übrigens viele praktizieren. Besonders in solchen Situationen. Vollgepumpt mit Ärger rennen sie durch den Wald oder stemmen Gewichte, so lange, bis die Anspannung die Flucht ergreift. Sicher, eine nette Idee, aber eben selten spontan praktikabel. Ich kann doch nicht jedes Mal, wenn ich mich über mich selbst ärgere, nach Hause fahren, meinen Sportdress anziehen und loswetzen. Was für ein Irrsinn.

Nein, mein Trick ist ein ganz anderer, viel einfacher und fast ohne Nebenwirkungen. Mein Trick ist eher mental-verbaler Art. Bei mir geht es um Hirn statt um Muskeln. Ich konfrontiere nämlich verschoben. Ich lenke meinen Ärger einfach um. Weg von mir, hin zu anderen. Ganz flexibel, frank und frei. Die anderen bieten schließlich genügend Angriffsflächen. Man muss sie nur genau beobachten, ab und an einen Augenblick warten, und schon kann's losgehen. Zack. Raus mit dem Ärger. So lange, bis man sich wieder wohlig entspannt fühlt.

Und der andere? Der, der alles abbekommen hat? Na, der kann das doch genauso machen. Er ist schließlich ein erwachsener, selbstbestimmter Mensch und für seine Entscheidungen voll verantwortlich.

Es gibt allerdings einen klitzekleinen Nachteil. Nach meiner Erfahrung kann nach einer gewissen Zeit mehrerer konsequent durchgeführter Umlenkungen ein Zustand der Einsamkeit entstehen. Ein Zustand so ganz ohne Freunde. Aber das ist meiner Erfahrung nach ein langsamer Prozess, an den man sich schrittweise gewöhnt. Und wenn nicht, ist Sport für Sie vielleicht doch die bessere Variante.

Achtung: Eine kurze, fast theoretische Auseinandersetzung mit einem Aspekt der Ärger-Emotion

Ärger-Emotionen entstehen nach Ulrich Mees, einem deutschen Psychologen, u. a. dann, wenn wir etwa das Gefühl haben, wir wurden durch andere Personen geschädigt. Allerdings ärgert sich jeder Mensch über ganz unterschiedliche Dinge. Kaum vorstellbar, wenn sich alle über das Gleiche ärgern würden. Angenommen es regnet, und alle, denen es nicht passt, ärgern sich. Sie schimpfen, brüllen, drohen, stampfen, erheben ihre Zeigefinger gen Himmel, haben rote Köpfe und geschwollene Hälse. Eine wirklich unschöne Vorstellung.

Nein, es ist wirklich gut so, wie es ist. Ich ärgere mich über meine Sachen und Sie sich über Ihre.

Aber warum ärgern sich manche Leute über Dinge, die sie gar nichts angehen, ja, die sie noch nicht einmal beeinträchtigen? Die könnten denen doch ganz egal sein. Sind sie aber nicht. Zumindest nicht immer.

Parkt zum Beispiel jemand unberechtigterweise auf einem Behindertenparkplatz, ärgere ich mich, obwohl ich persönlich gar keinen direkten Nachteil habe. Ich werde zwar nicht selbst geschädigt, aber mein Werteverständnis wird es. Hierbei ärgere ich mich unterschiedlich stark, je nachdem, welche Absicht ich unterstelle oder im Fachjargon ausgedrückt: welche Verantwortlichkeit ich attribuiere.

Gehe ich davon aus, dass der Parker das Schild übersehen hat, sein Auto also aus *Gedankenlosigkeit* falsch geparkt hat, hält sich mein Ärger in Grenzen.

Unterstelle ich jedoch *Rücksichtslosigkeit*, steigt mein Ärgerpegel schon auf ein erhebliches Maß. Der Parker ist sich also darüber im Klaren, welche Konsequenzen sein Verhalten hat, und stellt trotzdem seine eigene Bequemlichkeit in den Vordergrund. Das ist schon ziemlich dreist. Wo kämen wir denn da hin, wenn jeder nur an sich denken würde. Ich meine, ab und an muss das sicherlich sein, also beispielsweise beim Vordrängeln in Warteschlangen, wenn die anderen beim Aufrücken eine Lücke lassen, aber doch nicht bei so etwas. Und schon gar nicht, wenn das für jemand anderen von Nachteil sein könnte.

Noch heftiger wird mein Ärger, wenn ich davon ausgehe, der andere mache dies aus *Böswilligkeit*; er nutze den Parkplatz also noch nicht einmal aus Bequemlichkeit, sondern aus niederen Beweggründen, etwa um Behinderte bewusst zu diskriminieren.

Wenn ich das vermute, hört natürlich alles auf. Ich fange an zu diskutieren. Ein Wort gibt das andere. Mein physiologisches Erregungsniveau steigt. Als

Folge kann ich nicht mehr klar denken. Ich bekomme nicht mehr alles mit.
Informationen kommen entweder erst gar nicht in meinen Kopf, werden falsch sortiert oder einfach nicht abgespeichert. Mein Ziel besteht nun nicht mehr in einer gepflegten, reflektierten Auseinandersetzung unter Erwachsenen auf Augenhöhe, sondern in einem impulsiven Anpflaumen auf eher unterem Niveau.

O je, der Arme war ganz erschrocken. Fängt an, verzweifelt nach einer Erklärung zu suchen. War unter Zeitdruck, hatte das Schild nicht gesehen, wollte ja auch nur fünf Minuten parken, sozusagen im Eiltempo das Auto abstellen. Gut, dann handelte er vielleicht gar nicht aus Böswilligkeit. Ich spüre ein leicht wachsendes Unwohlsein.
Falsch hat er sich aber trotzdem verhalten. Da hilft auch kein Entschuldigen, schließlich hat er die Tat begangen, ob mit oder ohne Intention. Darüber braucht man nicht zu reden. Das ist schon mal klar. Und hätte er nicht falsch geparkt, hätte ich nicht so vehement reagiert. Dann hätte ich mich auch nicht derart ärgern müssen.
Also: Verdient hat er es, und das nächste Mal achtet der bestimmt auf Hinweisschilder. Da bin ich mir sicher. Und schon ist mein Unbehagen wie weggeblasen. Ein durchaus angenehmer Zustand.
Übrigens: Ich ärgere mich prinzipiell weitaus weniger

stark, wenn ich weiß, dass der andere eine angemessene Strafe erhalten hat, also zumindest ein Knöllchen unter dem Scheibenwischer klemmt. Denn dann ist ja alles geregelt.

Die zentrale Frage ist: Wer ärgert wen?

Doch nicht jeder ist so leicht zu beruhigen wie ich. Manche Menschen kämpfen geradezu für die Aufrechterhaltung der sozialen Ordnung. Und interessanterweise mit jeweils unterschiedlichem Repertoire an Waffen, Strategien und natürlich Feindbildern.
So kenne ich einen Mann, der allerdings nicht mein Mann ist, der den Fahrradfahrern systematisch zu Leibe rückt. Zumindest immer dann, wenn er zu Fuß unterwegs ist. Und er läuft gerne. Allerdings malträtiert er nicht jeden Fahrradfahrer, sondern ausschließlich diejenigen, die unrechtmäßig auf dem Bürgersteig fahren. Seine Strategie kann durchaus als mutig, bisweilen sogar als riskant bezeichnet werden. Er stellt sich nämlich unermüdlich jedem entgegenkommenden Fahrradfahrer in den Weg und zwingt diesen abzusteigen und zu Fuß zu gehen. Eben ganz so, wie es sich auf einem Bürgersteig gehört.
Eines Tages weihte er mich in seine Geheimnisse ein und nannte mir drei zu beachtende Regeln:

! Erstens: Keine Angst zeigen.

! Zweitens: Vortäuschen, man würde den Radfahrer nicht bemerken.

! Und drittens: Keinesfalls ausweichen, auch nicht im letzten Moment. Das ist wichtig. Sonst ist es nämlich vorbei mit der Konsequenz. Und ohne Konsequenz funktioniert die ganze Erziehung nicht.

Eigentlich ganz schön clever: Er dreht den Spieß einfach um. Nicht er ärgert sich, sondern der Radfahrer. Situationen, aus denen er früher verknotet herausging, wandelt er in solche um, in denen er nun Erfolge erzielt. Zumindest dann, wenn man schiebende Radfahrer als Erfolg wertet.
Ob bei den Radfahrern anhand dieser Maßnahmen tatsächlich längerfristig Einsichten zu erwarten sind oder aber vielmehr unermessliche Aggressionen hervorgerufen werden, ist bislang noch nicht geklärt und wohl besser im Einzelfall zu betrachten.
Hoch anzurechnen ist diesem Mann jedenfalls sein Idealismus. Sozusagen einer gegen Tausende von Radfahrern. Er bemüht sich unentwegt und eifrig, andere zu einer Änderung ihres Verhaltens zu bewegen, wobei der Grad der gewährten Freiwilligkeit bei dieser Maßnahme zugegebenermaßen diskutabel ist. Nichtsdestotrotz betreibt er einen hohen Energieaufwand, seine

Vorstellung von einem sozialen Miteinander auf dem Bürgersteig umzusetzen. Allerdings weist auch *seine* Vorgehensweise eine gewisse Form der Regelwidrigkeit auf, wenn auch mit durchaus sozialen Hintergedanken.

Oder auch: Wer ärgert sich am meisten?

Solche sozialverträglichen Hintergedanken hat übrigens nicht jeder. Man könnte fast sagen, welch ein Glück. Doch erfährt man die Gedankenwelt anderer Regelflegel, ist es schnell vorbei mit der Erleichterung. Ganz im Gegenteil, bisweilen macht sich sogar ein Gefühl zwischen Erstaunen und Entsetzen breit und krallt sich fest.

So kam meine Tochter neulich wütend nach Hause und erzählte, sie hätte sich gerade immens über die öffentlichen Verkehrsbetriebe geärgert. Ich reagiere verständnisvoll. Wer ärgert sich nicht bisweilen. Als sie dann jedoch nach ausführlichen Beschreibungen der Intensität ihres Ärgers auf den eigentlichen Punkt, also den tatsächlichen Grund ihrer Verärgerung kommt, verschlägt es mir die Sprache. Geärgert hat sie sich nämlich, weil sie nicht kontrolliert wurde, und dass obwohl sie ausnahmsweise eine Fahrkarte gekauft hat. Ihrer Meinung nach war die Investition umsonst, unnötig und falsch angelegt.

Ich rekapituliere innerhalb weniger Sekunden die ge-

samte Erziehung. Da muss doch was falsch gelaufen sein! Ich beginne sofort, frühere Fehler auszubügeln, erkläre ihr pflichtgemäß kurz und verständlich den Wirtschaftskreislauf und warum es für die Gesellschaft wichtig ist, dass *jeder* eine Fahrkarte kauft.
Sie schaut mich gelangweilt an.
Ich schließe meinen Vortrag mit der Feststellung, dass sie im Falle des Erwischt-Werdens definitiv alles selbst zahlen müsse. Ja, das ist Konsequenz, denke ich mir, gut gemacht.
Es ist keine Veränderung ihres Gesichtsausdruckes zu erkennen.
Nun gut, nicht jeder ist fähig, direkt und offen zu zeigen, dass er überzeugt wurde. Das ist auch völlig in Ordnung. Der eine braucht etwas mehr Zeit, der andere etwas weniger. Ich bin meinem Erziehungsauftrag jedenfalls nachgekommen, zumindest gerade noch so, auch wenn der Erfolg nicht unmittelbar erkennbar ist, also zumindest noch nicht. Ich nehme mir jedenfalls vor, dran zu bleiben. Keinesfalls aufzugeben.
Aber eines geht mir doch noch durch den Kopf. Wie verstörend muss es für so manchen Flegel sein, sich – ausnahmsweise – an Regeln zu halten und keiner merkt's?

Regelklopse

Regelklopse sind gar nicht so selten. Sie sind allerdings nicht zu vergleichen mit üblichen Regelverstößen. Ein Klops ist schließlich kein Klecks. Er ist weitaus größer, voluminöser und gewichtiger. Klopse, und ich spreche hier von echten wahrhaftigen, sind in vielen, teils ganz unterschiedlichen Bereichen zu beobachten.
Allerdings sind sie zumeist nicht gleich als solche erkennbar. Sie formen sich erst langsam, Stück für Stück und plötzlich sind sie da. Unübersehbar und massiv.

Klopse im Zusammenleben

Klopse gibt es im Zusammenleben natürlich jede Menge, und ich meine hier nicht die oftmals angeführten falsch ausgedrückten Zahnpastatuben, die nicht aufgefüllten Klopapierrollen oder die Ruhestörung beim morgendlichen Lesen der Zeitung. Nein, ich rede vom Lügen und Betrügen. Doch wo genau fängt das an? Der Übergang zwischen Wahrheit und Lüge ist oft verschwommen und manchmal überlebenswichtig, zumindest, wenn man im Zusammenleben einen gewissen Frieden bevorzugt.
Angenommen, eine Frau sitzt mit ihrem Liebsten in einem Café, als plötzlich eine fesche langhaarige Blondine mit schwingendem Hintern und prallen Brüsten

vorbeiwackelt. Und wie reagiert der Mann? Er blinzelt verstohlen einen kurzen Moment (zu) lang in Richtung Blondine. – Ertappt.

Und die Frau? Ist sie gut aufgelegt, beobachtet sie ihn und schweigt. Ist sie spontan, hitzköpfig oder einfach nur ehrlich, versucht sie, ihn in eine Falle zu locken, und fragt mit verräterischem Unterton: *»Und, gefällt dir so was?«* Die Blondine wird hierbei bewusst neutralisiert. Ihm hingegen ist nicht ganz klar, worauf sich die Frage nun genau bezieht.

Hier wird ein durchaus relevanter Unterschied zwischen der Denkweise von Frauen und Männern deutlich. Frauen stellen bisweilen Fragen, die für Männer

oftmals anders scheinen als sie sind. Sie zielen nämlich auf ganz andere Inhalte ab, als im ersten Moment aus der Perspektive des Mannes vermutet werden kann.
Er versteht zumeist nur den vordergründigen Inhalt. Männer sind häufig einfach nur zu unkompliziert verknüpft, wobei ihnen ihre Gradlinigkeit im Denken durchaus hoch anzurechnen ist. Aber eben in anderen Situationen. Eher, wenn sie Hunger oder Durst haben, müde sind oder Fernsehen schauen möchten. Hier ist Zielorientierung durch auf den Punkt gebrachte Formulierungen angebracht.
Etwa: Wann gibt es Essen?
Ich habe ab vier Uhr Zeit, wenn das Autorennen fertig ist.
Oder auch: Morgen Abend bin ich unterwegs, da ist Männerabend.
Na, da weiß man doch, woran man ist!
Fragt sie ihn hingegen, ob ihm *so was* gefiele, macht sich bei ihm Verunsicherung breit. Zielt die Frage auf den Gang ab, die Kleidung, die Rundungen, die Ausstrahlung, die Haarfarbe oder die Frisur?
Achtung: Jetzt ist allergrößte Vorsicht geboten. Jetzt kommt der Moment, der über Stress oder Entspannung der nächsten Stunden entscheiden wird. Eigentlich ist der Mann ja schon vom ersten Moment an verloren, egal, was er antwortet. Er hätte sich besser beim Hingucken einfach nicht erwischen lassen sollen.
Reagiert er nicht, ist dies die wahrscheinlich unklügste Variante. Seine Aufmerksamkeit ist auf die Blondine

fokussiert, sodass er nichts anderes mehr wahrnimmt, noch nicht einmal die Frage seiner Liebsten.
Sorry, aber das geht gar nicht! Da ist nichts mehr zu retten. Die Würfel der nächsten Stunden sind gefallen. Leugnet er hingegen und mimt den Erstaunten, indem er fragt, *»Welche Blondine?«*, ist er ein offensichtlicher Lügner. Antwortet er stattdessen: »Quatsch, viel zu aufgedonnert. Bei der ist ja gar nichts echt!« oder »Schatz, du kennst doch meine Vorlieben. Blondinen gehören nicht dazu«, kann er Glück haben. Ist seine Göttergattin milde gestimmt, geht sie nicht weiter darauf ein. Ist sie auf Krawall gebürstet, enttarnt sie ihn und vernichtet die Stimmung mit wenigen Worten.
Schon hat das Vertrauen kleine Risse. Denn ganz ehrlich, wer bei solch kleinen unbedeutenden Sachen schon lügt, dem ist bei größeren dann schon gar nicht mehr zu trauen.
Allerdings gibt es für den Mann einen schmalen Pfad, aus der Misere zu entkommen, das Ruder sozusagen in Richtung Frieden herumzureißen. Zugegebenermaßen ist dies für Männer kein ganz einfacher Weg, er ist vielmehr steinig und mühsam. Denn hier geht es um geschickt formulierte, individuell abgestimmte und tatsächlich situativ angemessene Komplimente, spontane, originelle Geschenke oder auch schlichte Blumen, also keinesfalls pompöse, wild gemischte Sträuße, versetzt mit Trockenblumen oder Heueinlagen, nein, eher um einzelne romantische langstielige Rosen, natürlich

ohne Dornen. Wird dies dann noch mit einem kurzen Moment der Demut und mit ein, zwei intelligent-witzig formulierten Aufheiterungsversuchen unterlegt, ist eine in diesem Moment positiv gepolte Frau durchaus gewillt, noch einmal zu verzeihen. Wie gesagt, je nach Stimmung und Temperament.

Und es gibt tatsächlich *noch* eine Möglichkeit. Der ziemlich clevere Mann gibt die Sache mit der Blondine einfach offen zu. Ein kurzes, selbstbewusstes »stimmt«, und alles ist schon einmal im zumindest hellgrünen Bereich. Ehrlichkeit kommt – gerade bei solchen Lappalien – am Besten an.

Ist er jedoch überdurchschnittlich clever, fügt er noch eine klitzekleine Bemerkung hinzu. Also einen fast unauffälligen, möglichst wenig konkreten Nachsatz, der den Ball von vornherein flach hält. Er gibt alles zu und wertet gleichzeitig ab.

Also beispielsweise: »Stimmt, aber irgendwie wirkt die komisch«. Schon ist die Frau seines Herzens zufrieden, lehnt sich entspannt zurück und erzählt weiter von ihrer Freundin Doro, und warum die gerade wieder sageundschreibe zwei Kilo zugenommen hat.

Aber es gibt im Zusammenleben auch noch Klopse ganz anderer Art. Diese zeichnen sich nicht etwa dadurch aus, dass der andere etwas macht, sondern vielmehr dadurch, dass er etwas *nicht* macht.

Ich bin eine eher emanzipierte Frau, die ihren Mann aus der Küche verdrängt hat und lieber selbst die Führung übernimmt. Ich koche ab und an ganz gerne, wie gut kann ich nur schwer beurteilen. Ein Lob höre ich eher selten und wenn, dann zumeist erst aufgrund expliziter Nachfrage, sozusagen auf Kommando. Soweit ist aber alles im grünen Bereich.

Nun zum Klops.

Das Dasein in der Küche ist zumeist ein recht einsames Phänomen. Sobald ich ankündige, gleich kochen zu wollen, sind plötzlich alle verschwunden. Alle Bäder sind belegt und verschlossen. Eine wahrlich gute Rückzugsmöglichkeit, denn welcher Außenstehende ist schon in der Lage, ein Urteil über eine tatsächliche oder vorgeschobene spontan einsetzende Verdauung zu fällen? Nun gut, einsames Kochen hat den Vorteil der Möglichkeit uneingeschränkter Konzentration, also keine Störung, kein Gequatsche, keine Besserwisserei.

Dann, endlich, ist alles fertig. Ich gehe vor die verschlossenen Toilettentüren und verkünde die frohe Botschaft, dass das Essen fertig ist, gehe zurück in die Küche, setze mich auf meinem Platz und warte.

Und warte. Alles bleibt ruhig. Kein Laut zu hören. Ich rufe noch einmal. Dieses Mal lauter, ungeduldiger. Ich warte. Stille.

Ich schenke schon einmal die Gläser ein, überbrücke die Zeit mit kleinen liebevollen Gefälligkeiten vorab.

Da ... ich meine, ich hätte eine Tür gehört. Nein, wohl doch nicht. Es bleibt ruhig. Mein Puls schießt in die Höhe, mein Mund wird schmallippig, die Uhr tickt.

Hier breche ich ab. Es endet unschön.
Nur so viel sei gesagt, ich war sauer, und zwar richtig sauer. Zur Explosion kam es allerdings erst einige Minuten später, als sich alle fröhlich setzten, Essen auf die Teller schippten und ... erst einmal kräftig nachwürzten. Salz und Pfeffer in rauen Mengen. Ohne zu probieren, sozusagen vor dem ersten Bissen. Und ich finde, das ist nicht nur gekleckert, sondern definitiv geklopst.

Natürlich gibt es noch jede Menge weitere unerfreuliche Vorkommnisse im Zusammenleben, so etwa Behauptungen, der Partner sei gar nicht dick, die neue Frisur sähe viel besser aus als die vorherige oder auch das obligatorische »Natürlich liebe ich dich, mein Schatz!«. Allerdings sind das Regelwidrigkeiten, die durchaus akzeptabel sind. Jeder flunkert ungeniert vor sich hin, hofft, dass der andere ihn nicht enttarnt, und glaubt ab und an sogar selbst das, was er sagt.
Doch gibt es im Zusammenleben auch Ereignisse, die so einschneidend sind, dass sogar diejenigen, die üblicherweise kleinere Regelwidrigkeiten des Partners großzügig tolerieren, massiv herausgefordert werden. Die Rede ist von Seitensprüngen, also Techtelmechteln jenseits des Vertretbaren. Zumindest aus Sicht des Partners. Gründe hierfür gibt es viele, Ausreden übrigens auch. So etwa die Lieblosigkeit in der Beziehung, der immense Hormonstau, der Alkoholpegel, die se-

xuelle Vernachlässigung, die nervende Eifersucht, die unerträglichen Nörgeleien, die abhanden gekommene Überzeugung, man sei ein toller Hecht, oder auch die unergründliche Einsicht, man sei eben doch *nur* ein Mann und seinen Trieben somit hilflos ausgeliefert.
Besonders Letzteres ist nun wirklich eine ganz schreckliche Vorstellung. Man mag sich das gar nicht bildlich ausmalen. Ein Mann von muskulöser Statur und breitem Kreuz, willenlos gesteuert von winzig kleinen Hormonen. Mit bloßem Auge kaum erkennbar, nichtsdestotrotz von anscheinend immenser Kraft und Vehemenz.
Doch Schluss mit den Fantasien, denn eines ist zu betonen: Nicht jeder Mann ist so, wirklich nicht. Und außerdem gehen Frauen genauso häufig fremd. Das muss so sein, ein Mann geht ja schließlich nicht mutterseelenallein fremd.

Klopse weit weg von zu Hause

Deutsche verhalten sich im Urlaub anders als zu Hause. Das ist ja auch völlig normal. Schließlich ist alles fremd. Die Umgebung, die Menschen, das Essen, die Sonnenintensität ... einfach alles.
Allerdings verhalten wir uns *anders* anders als andere. Wir arbeiten nämlich mit einem Trick, und zwar mit einem, der ziemlich pfiffig ist. Obendrein ist er einfach und praktikabel und verhindert, dass wir uns

völlig verlieren in der Fremde: Wir tun einfach so, als seien wir gar nicht im Ausland, sondern weiterhin in Deutschland.

So wissen wir beispielsweise, dass im Ausland zumeist eine andere, also eine für uns fremde Sprache gesprochen wird, lassen uns davon aber nicht im Geringsten irritieren. Keineswegs.

Wir kommunizieren in Deutsch, und zwar konsequent und ausnahmslos. Schließlich wollen die Einheimischen doch an uns verdienen und wer verdienen will, muss auch etwas dafür tun. Das ist ja normal. Also ist es doch das Mindeste, dass sie über ein paar Brocken Deutsch verfügen. Sonst können sie sich mit uns ja kaum verständigen. Und ein paar Brocken sind schließlich schnell gelernt.

Wir halten also an unseren Gewohnheiten fest – fast schon pedantisch fest. Jedenfalls so fest, wie wir es zu Hause niemals tun würden. Schließlich sind wir verwöhnt, wir wissen, was gut ist. So haben wir eine genaue Vorstellung davon, wie Brot zu schmecken hat, kennen den Geschmack unzähliger Würste unterschiedlichster Form und Konsistenz und lassen uns auch in puncto Sauberkeit nichts vormachen. Warum sollte man im Urlaub auf all das verzichten?

Schließlich hat man teuer dafür bezahlt. Und wenn man für etwas bezahlt, kann man auch eine entsprechende Gegenleistung erwarten. Wird diese Erwartung nicht erfüllt, muss man das zurückmelden. Sonst weiß

der andere ja nicht, was einen stört. Und wenn der andere nicht weiß, was einen stört, bekommt man kein Geld zurück.
Allerdings ist es wichtig, Missstände nicht einfach so, planlos und emotional zurückzumelden, sondern vielmehr durchdacht und strukturiert.
Das heißt also: Beweise sammeln, Videos drehen, Zeugen suchen, Protokolle schreiben, Fristen setzen.
Und natürlich zwischendurch immer mal wieder die eigene Gefühlslage und Enttäuschung darlegen. Schließlich sind Reiseleiter auch nur Menschen. Hierbei wird übrigens am sinnvollsten nach dem Stufenprinzip verfahren. Bei dieser Vorgehensweise ist nicht plötzliche Eskalation angesagt, vielmehr arbeitet man sich Schritt für Schritt voran. Schließlich muss man den Reiseleiter emotional berühren, Gefühle in ihm wecken, Bilder in seinem Kopf entstehen lassen. Man führt ihn sozusagen an die eigene Perspektive so geschickt heran, dass er fast meint, selbst zu spüren, was wir gerade fühlen.
Funktioniert etwa die Dusche nicht ordnungsgemäß, reicht es nicht, die Fakten vermischt mit dem eigenen Ärger zu präsentieren, nein, man muss Details miteinbringen und natürlich Beispiele anführen. Man erzählt sozusagen ein Schicksal, und zwar nicht nur irgendein Schicksal, sondern *sein* Schicksal.
So etwa vom Sand, den man sich am Strand gefangen hat und der mit einer defekten Dusche einfach nicht

loszuwerden ist. Der hierdurch hervorgerufene Hautausschlag, der juckt und kratzt, die daraus resultierende Gereiztheit, die die Ehe belastet, die verzweifelten Kinder, vor denen man so ein Dilemma natürlich auch nicht verheimlichen kann ... und so weiter und sofort.
Zeigt der Reiseleiter auch nur einen Funken Mitgefühl, hat man ihn in der Tasche, das heißt, nun gilt es zu fordern, was auch immer herauszuholen ist, so etwa einen saftigen Nachlass des Reisepreises, einen Wechsel in die Suite mit Meerblick oder zumindest einen Gutschein für eine Bustour mit allem drum und dran.
Wirkt der Reiseleiter jedoch gänzlich unbeeindruckt oder gar schon nahezu abwehrend, gilt es, ihm zu verdeutlichen, dass es sich hier nicht etwa um einen Spaß oder lediglich grundloses Gejammer handelt.
Nein, wir meinen es bitterernst. Denn der Sand juckt noch immer, die Wunden sind groß und natürlich schon fotografisch dokumentiert. Die Müllers von Zimmer 1004 haben sich sofort bereit erklärt, als Zeugen auszusagen, und eine Rechtsschutzversicherung gibt es selbstverständlich auch. Ja, nichts wird dem Zufall überlassen. Das ist eklatant wichtig.
Allerdings handelt es sich hierbei bereits um die höhere Schule der Beschwerdeführung, die zugegebenermaßen nicht jedem von uns liegt. Aber mit zunehmendem Training klappt es immer besser. Man entwickelt sozusagen eine gewisse Sensibilität gegenüber Reiseleitern und natürlich auch, und das ist *die* Grundvor-

aussetzung, einen geschärften Blick für potenzielle Mängel, seien sie auch noch so klein.

Wir Deutschen können auch anders

Es soll hier natürlich nicht der Eindruck entstehen, wir Deutschen würden bei jeder Gelegenheit im Urlaub meckern. Hätten die anderen ein solches Bild von uns, wäre das wirklich schade. Denn wir haben ja auch sehr viele positive Seiten, selbst wenn diese oftmals, auf den ersten Blick jedenfalls, nicht zwingendermaßen sogleich erkennbar sind. Aber man muss ja auch nicht immer öffentlich protzen mit dem, was man hat.

So gelten wir Deutsche als besonders pünktlich und zuverlässig. Wissen wir beispielsweise, dass das Restaurant im Hotel um 18.00 Uhr öffnet, richten wir unseren Tagesablauf so ein, dass wir pünktlich ab 17.30 Uhr vor der Absperrung stehen.

Natürlich stehen um diese Zeit nicht alle deutschen Hotelbewohner vor der verschlossenen Tür, sondern jeweils nur ein Gesandter pro Familie.

Der restliche Teil des Clans, zumeist der weibliche samt Nachwuchs, befindet sich zu diesem Zeitpunkt noch in Vorbereitung. Schließlich ist zu entscheiden, welches Outfit welchen Sonnenbrand geschickt verdecken kann und natürlich auch, ob das Abendprogramm eher Locken oder Glatthaar erforderlich macht. Wird dann noch die Vorabendserie im Fernsehen kollektiv für be-

endet erklärt, begibt sich auch der Rest der Familie auf den Weg Richtung Essenssaal.
Bis zu diesem Zeitpunkt jedoch stehen die jeweils Wartenden einzeln in der Schlange, blicken angespannt in kurzen, unregelmäßigen Abständen auf die Uhr und warten.
Allerdings warten sie nicht hintereinander und geordnet, sondern locker umherstehend. Zumindest auf den ersten Blick. In Wirklichkeit haben sie ihre jeweilige Position sorgfältig ausgewählt. Sie überlassen nichts dem Zufall. Warum auch? Schließlich wollen sie als erster in den Essenssaal stürmen und dafür sind sie bereit, alles zu geben.
Die Spannung steigt. Jetzt ist es schon 18.05 Uhr und noch immer hat sich nichts getan. Nie sind die hier pünktlich! Da ... es bewegt sich etwas hinter der Tür. Die Spannung steigt weiter. Ein Raunen geht durch die Menge. Plötzlich geht's los. Zack. Ran an den besten Tisch und sofort markieren. Jacken und Taschen sichtbar auf die Stühle legen, dann hinsetzen und wieder warten. Auf den Rest der Familie.
Wo bleiben die denn bloß? Alle stürmen ans Büffet, nur vereinzelt sitzt man noch und wartet. Jeden Abend der gleiche Ärger: Warten ... kämpfen ... markieren ... warten. Und das geht nicht nur am Buffet so; morgens früh um sieben das gleiche Dilemma am Pool. Aber Achtung: Ein guter Tipp ist, die Liegestühle ausschließlich mit Handtüchern zu belegen. Niemals mit Taschen, das wäre zu gefährlich, man ist ja schließlich nur phasen-

weise anwesend, also zwei Stündchen ab zehn und dann nochmal kurz am Nachmittag, wenn es nicht mehr ganz so heiß ist.

Das ist jedoch noch nicht alles. Wir Deutschen haben natürlich noch weitaus mehr positive Eigenschaften, die uns auszeichnen. Wir sind nämlich nicht nur pünktlich, sondern auch zielorientiert und offen. Und das hat viele Vorteile. Nicht nur für uns, auch für die anderen. Es weiß nämlich immer jeder, woran er bei uns ist. Wollen wir ein kaltes gezapftes Sieben-Minuten-Bier, äußern wir das laut und deutlich. So hat der Kellner die für ihn wichtige Information, dass da einer sitzt, der Durst hat. Ist das Sauerkraut zu kalt, verhalten wir uns übrigens ganz ähnlich.

Aber wir können natürlich auch leise und dezent. Da sind wir flexibel. Wir verhalten uns so, wie es die jeweilige Situation erfordert.

Hat man beispielsweise Halbpension gebucht und Kinder, die tagsüber zu Hungerattacken neigen, muss man einen Weg finden, die Zeiten zwischen Frühstück und Abendessen zu überbrücken. Natürlich wäre es naheliegend, vom Büffet am Morgen das eine oder andere Brötchen mit an den Strand zu nehmen. Das wird in den Hotels jedoch, zumindest in den meisten, nicht gerne gesehen.

Dies ist auch durchaus nachvollziehbar, denn es ist einfach kein schöner Anblick, wenn Horden von Menschen mit kurzen Hosen und Badeschlappen mit armseligen

trockenen Brötchen in der Hand den Essensraum verlassen und sich Richtung Strand bewegen. Was sollen denn da die Bewohner anderer Hotels denken? Etwa, dass es bei uns nichts Ordentliches zu essen gibt?
Außerdem gibt es tatsächlich einen besseren Weg, und zwar besser für alle Beteiligten, also für das Hotel und auch für einen selbst. Man trägt die Brötchen nicht offen in der Hand, sondern legt sie in eine Tasche. Leergeräumte Fototaschen eignen sich übrigens besonders gut, denn in diese geht viel rein, und es lässt sich alles gut verstauen, also ohne zu zerdrücken.
Außerdem sollte man darauf achten, und das gilt nicht nur für den Urlaub, sich abwechslungsreich zu ernähren, also keinesfalls jeden Tag das Gleiche zu essen. Das ist schlecht für den Darm, da sich schnell Nahrungsmittelunverträglichkeiten entwickeln können.
Aber auch das lässt sich mit der Zuhilfenahme einer Fototasche pragmatisch umsetzen. Einen Tag gekochte Eier und Schinkenbrötchen, am nächsten Tag Obst und Käsebrote. Alles kein Problem.
Die ganz Gewieften unter uns sind sogar mit Vorratsdosen ausgestattet. Die runden sind allerdings Platzfresser, besser stapeln lassen sich die rechteckigen, je nach Form der Tasche natürlich.

Unsere Offenheit ist übrigens häufig gepaart mit Fröhlichkeit. Wir lachen durchaus gerne, allerdings nicht immer und schon gar nicht grundlos.

Auch nicht im Urlaub. Von grundlosem Lachen ist übrigens prinzipiell abzuraten, denn das kann beim Gegenüber zu Unsicherheit und einer gewissen Orientierungslosigkeit führen.
Nein, wir lachen nur, wenn es auch etwas zu lachen gibt. Und wann es etwas zu lachen gibt, bestimmt natürlich jeder selbst. Humor ist schließlich individuell. Der eine lacht über platte Witze, der andere über Missgeschicke seiner Frau. Je nachdem.
Und nur, weil wir nicht ununterbrochen einen Grund zum Lachen haben, heißt das noch lange nicht, dass wir nicht freundlich wären. Natürlich sind wir freundlich, und zwar zu allen. Auch zu den Einheimischen.
Das zeigt sich beispielsweise beim Duzen. Zuhause duzen wir nur Menschen, die wir entweder schon lange kennen oder denen wir uns in besonderer Art und Weise verbunden fühlen.
Im Urlaub ist das völlig anders. Hier sind wir großzügig. Das *Du* hüpft uns sozusagen lockerleicht über die Lippen. So duzen wir beispielsweise die Einheimischen sogar von Beginn an, obwohl wir sie gar nicht gut kennen, wahrscheinlich auch niemals kennenlernen werden.
Das machen wir jedoch nicht etwa aus Unhöflichkeit, was uns ja manchmal unterstellt wird, sondern vornehmlich aufgrund der vereinfachten Grammatik, die es ermöglicht, besser verstanden zu werden. Ja, wir denken ganz im Sinne der anderen. Jeder soll sich wohlfühlen.

Die Kunst besteht darin, einen Schritt auf den anderen zuzugehen, ohne ihm zu nahe zu kommen, was manchmal gar nicht so einfach ist. Plötzlich entstehen Missverständnisse. Ein Lächeln zu viel kann schnell falsch interpretiert werden. Ein Lächeln im falschen Moment kann sogar dazu führen, dass der andere aus unerfindlichen Gründen meint, man hätte dem Kauf des Teppichs bereits zugestimmt.

Dabei haben wir im Hinterzimmer des Basars mit dem Großcousin des Taxifahrers doch einfach nur nett zusammen gesessen und Tee getrunken. Er erzählte von seiner Welt, wir von unserer. Er präsentierte uns stolz seine Teppiche, wir beteuerten höflich, wie schön sie seien und dass sie prinzipiell gut in unser Wohnzimmer passen *könnten*. Es wurde sprachlich bewusst die Möglichkeitsform gewählt, um keinerlei falsche Hoffnungen entstehen zu lassen. Man will ja schließlich keinem vor den Kopf stoßen.

Dann war es Zeit zu gehen, und zwar ohne Teppich. Das Abendessen nahte. Die Familie wollte sich entsprechend fertigmachen, der Gesandte sich vor der Tür des Essensraumes positionieren, als sich plötzlich die Stimmung im Hinterraum des Teppichverkäufers änderte. Irgendetwas in der Kommunikation muss falsch gelaufen sein. Nein, wir wollten keinen Teppich. Ganz sicher nicht. Den großen roten schon gar nicht, den aus Seide auch nicht.

Einen kleinen haben wir dann doch noch mitgenom-

men. Wegen der Stimmung. Außerdem kann man den immer einmal brauchen, notfalls im Keller vor der Gefriertruhe. Der Preis war gerade noch akzeptabel, zum Handeln war die Zeit zu knapp.
Zuviel Lächeln bringt also nichts, plötzlich hat man einen Teppich, den man eigentlich gar nicht will, und Freunde, die keine mehr sind. Ja, wir Deutschen wissen ganz genau, warum es oft sinnvoller ist, rüde aufzutreten. Das ist nämlich aus Erfahrung reine Strategie.

Nichts wie raus hier

Und dann ist der Urlaub irgendwann vorbei. Man hat sich gut erholt, viele Menschen kennengelernt, ist angefüllt mit neuen Eindrücken und guten Vorsätzen, freut sich auf Freunde und Familie und natürlich auf die Blicke der Nachbarn, die neidisch bemerken, dass wir schon wieder braungebrannt aus der Dom Rep kommen.
Doch vorher gilt es noch, eine Hürde zu überwinden: den Rückflug. Mutig steigen wir in die lange Röhre ein. Der Kapitän begrüßt uns an der Tür. Hoffentlich hat der gut geschlafen. Der sieht so jung aus. Ob der schon öfter geflogen ist?
Ich bin mir nicht sicher. Ein unruhiges Gefühl breitet sich in mir aus.
Die Stewardessen lächeln. Das beruhigt mich gar nicht. Sie lächeln nicht, weil sie lächeln wollen, son-

dern, weil es ihr Job ist zu lächeln. Also hat das Lächeln keine Aussagekraft, zumindest keine hinsichtlich des körperlichen und geistigen Zustandes des Piloten. Es hilft alles nichts, hinsetzen, anschnallen, abwarten. Der Flieger hebt ab. Alles ist gut gegangen. Ich klemme fest zwischen zwei mir völlig fremden Menschen. Mein Nachbar links ist nass geschwitzt. Der rechts riecht so, als wäre er es auch.

Die ersten zwei Biere sind getrunken, das Essen ist vorbei. Mein Nachbar hat aufgehört zu schwitzen, der Pilot ist nicht auffällig geworden, die Stewardessen lächeln. Alles ist soweit in trockenen Tüchern.

Jetzt ist es Zeit, nach hinten zu gehen, zu den anderen, den neuen Freunden und dem Rest der Familie. Wir stehen zusammen vor der Toilette, achten darauf, dass wir keinem den Weg versperren, sind gut gelaunt, trinken einvernehmlich den gerade im Duty-Free-Verkauf erstandenen Schnaps und lassen es krachen. Natürlich nur im angemessenen Rahmen, schließlich befinden wir uns im Flugzeug, und das ist nicht ganz ohne.

Und dann plötzlich, wie aus dem Nichts heraus ... vorbei der Spaß. Die Stewardess schaut streng, das Lächeln ist verschwunden. Sie verlangt, dass wir den Alkohol abgeben. Das Trinken selbstmitgebrachten Alkohols sei nicht erlaubt. Sagt, dass wir von ihr auch keinen neuen bekämen, denn wir hätten bereits genug getrunken.

Das weiß die doch gar nicht. Die hat ja schließlich

nicht mitgezählt. Und jeder verträgt andere Mengen. Ich habe gut gegessen und darüber hinaus einiges an Grundlage vorzuweisen. Also, ich meine die Grundlage um die Hüften, die nämlich, die man immer dabei hat.

Nein, keine Diskussion! Wir seien zu laut und zu fröhlich. Wir würden die anderen stören, und deswegen sei jetzt Schluss, und zwar sofort.

Wie bitte? Wir stören? Wen denn? Wir sind doch *alle* fröhlich. Bis auf die eine, die Geschminkte mit den hochgesteckten Haaren, die übrigens immer noch streng schaut.

Deutsche verstehen einfach keinen Spaß, und schon gar nicht den Spaß von anderen. Egal, wir müssen jedenfalls zurück auf unsere Plätze. Jetzt sitze ich wieder eingeklemmt und warte. Bis zur Landung.

Alles klatscht begeistert. Ich nicht. Ich nutze die Zeit effektiver, schließlich will ich raus hier, und zwar möglichst schnell. Also: aufstehen, Sachen schnappen, über den schon wieder schweißtriefenden Nachbarn steigen und nichts wie raus.

Der Plan scheitert. Er scheitert sogar kläglich. Die anderen waren schneller als ich. Mal wieder. Wie sie das geschafft haben, ist mir nicht ganz klar. Jedenfalls stehe ich und warte. Besser gesagt: Alle stehen und warten, der Schwitzende auch, ganz dicht hinter mir. Einfach widerwärtig.

Klopse im Arbeitsleben

Montags geht es dann wieder zur Arbeit. Auch hier gibt es Klopse, wie überall. Allerdings wird hier meist nicht massiv gegen Regeln verstoßen, sondern eher nur hier und da, das aber konsequent. Ansonsten bestünde schließlich die Gefahr des Ärgers mit Kollegen, des Zitiert-Werdens zum Chef oder gar die einer Abmahnung. Und wer will das schon?

Also gilt es, den Ball immer schön flach zu halten, und zwar so flach, dass keiner merkt, dass mit einem Ball gespielt wird. Eine effektive Vorgehensweise hierbei sind Gedächtnislücken.

Kommt also etwa die durchaus berechtigte Frage auf, warum man bestimmte Informationen nicht weiter geleitet oder eine Absprache nicht eingehalten hat, ist es oftmals hilfreich, deutliches Erstaunen zu demonstrieren. Sinnvoll erscheinen hier Sätze wie: *»Das ist ja interessant.« Oder auch: »Was? Das ist das erste Mal, dass ich das höre.«*

Der Zustand des Erstaunens sollte hierbei durch ein leichtes, allerdings nicht allzu übertriebenes, Hochziehen der Augenbrauen und einen mindestens 10 Sekunden lang geöffneten Mund unterstrichen werden. Bleibt die erwünschte Reaktion beim Gegenüber jedoch aus, geht man ohne Umwege in die Offensive, in dem man den Spieß radikal umdreht. So etwa mit der konfrontativen Frage: *»Warum hat mir das denn keiner gesagt?«*

Trifft der vorwurfsvolle Unterton in diesem entscheidenden Moment den richtigen Grad, wird der andere beginnen, Erklärungen für sein vermeintliches Fehlverhalten zu liefern. Ist man selbst milde gestimmt oder erfordert die Situation per se eine gewisse Großzügigkeit, bohrt man nicht weiter nach, sondern lässt die Antwort unkommentiert im Raum stehen.

Verspricht diese Vorgehensweise, also das spontane Ausdrücken von Erstaunen, jedoch keinen Erfolg, etwa weil es an Authentizität mangelt oder der Chef einfach zu clever für diese Strategie ist, dann kann es auch helfen, etwas schlicht und einfach falsch verstanden zu haben. Allerdings sollte man hierbei darauf achten, diese Strategie nicht allzu häufig anzuwenden, da man ansonsten schnell von den etwas interessanteren Tätigkeiten auf unbestimmte Zeit entbunden wird.

Eine Herausforderung stellt übrigens auch der Umgang mit den eigenen Arbeitskollegen dar. Je nach Arbeitsplatz trifft man diese mehr oder weniger häufig, manchmal sogar mehrmals täglich, und zwar sowohl die netten als auch die anderen. Bei denen muss man übrigens besonders freundlich sein, man sollte sich keinesfalls anmerken lassen, dass man sie nicht ausstehen kann. Zumindest nicht nach außen hin. Wenn eine solche Person dann ab und an warten muss, nicht zu Wort kommt, unterbrochen wird oder auch beim gemeinsamen Tratsch nicht mitmachen darf, geschieht

dies natürlich zufällig oder anders ausgedrückt: ganz aus Versehen.
Tratsch ist übrigens im Arbeitsleben von immenser Bedeutung. Das wird von vielen unterschätzt. Es geht nämlich weniger darum, *worüber* getratscht wird, sondern vielmehr um das *wer* mit *wem*. Es bilden sich Grüppchen von zwei bis drei Personen, ab und an auch größere Formationen, die informelle Neuigkeiten austauschen. Dies führt nicht nur zu einem wichtigen Informationsgewinn, sondern auch zu einer tiefen Verbundenheit untereinander. Wurde man doch vom anderen als vertrauenswürdig auserkoren, und zwar als vertrauenswürdig für dieses eine wichtige Geheimnis.
Zeigt es sich, dass dieses Vertrauen berechtigt war, man den anderen also ausreichend bestärkt und darüber hinaus mit zusätzlichen Informationen versorgt hat, erfährt man vielleicht bald noch ein Geheimnis, und dann noch eins und noch eins. Wer tratscht ist also sozial integriert, zumindest auf eine bestimmte, ganz eigene Art und Weise.
Eines ist hierbei jedoch von immenser Bedeutung: Wenn man die Köpfe gerade zusammensteckt, darf man niemals unvermittelt aufhören zu reden. Unter keinen Umständen. Auch dann nicht, wenn das gerade noch abstrakt besprochene Objekt plötzlich ganz konkret im Türrahmen steht. Am besten redet man dann einfach locker weiter, natürlich über ein unverfängliches Thema, das ist ja klar.

Es soll aber auch Menschen geben, die gar nicht tratschen. Also, wenn die zufällig ein solches Gespräch mitbekommen, dann gehen sie einfach, schauen auf die Uhr und haben plötzlich einen dringenden Termin oder stellen eine Frage, die völlig aus dem Zusammenhang fällt und die anderen aus dem Konzept bringt, so zum Beispiel, um wieviel Uhr das Meeting beginnt oder ob die Lieferung von Firma Schmitz schon angekommen ist.
Wenn man sich so verhält, ist das menschlich gesehen nicht nur sozial auffällig, sondern auch äußerst unklug. Denn nicht nur, dass sie ihren Gesprächspartnern nahezu respektlos vor den Kopf stoßen, sie bekommen darüber hinaus nichts mit, also auch nicht, wie es den Kollegen geht, was sie denken oder was sie denken, was die anderen von den andern denken.
Aber letztlich muss natürlich jeder selbst entscheiden, welcher Weg für ihn der richtige ist. Soviel Freiheit muss man schließlich jedem zugestehen, auch den Kollegen im Büro.

Geheime Regeln

Am Arbeitsplatz gibt es übrigens unzählige Regeln. Aber nicht nur das; sie sind darüber hinaus auch äußerst unterschiedlich. Zum einen gibt es natürlich die offiziellen Regeln, also die, die ja wohl jeder kennt.
Oder gibt es etwa nach wie vor Menschen, die es noch

immer erstaunt, dass Firmeneigentum kein Privatbesitz ist, die Spesenabrechnung der Realität entsprechen sollte und das Internet während der Arbeitszeit nicht für den Besuch illustrer Seiten genutzt werden darf? Doch wohl kaum, oder!?

Wie auch immer, diese offiziellen Regeln jedenfalls sind letztlich leicht zu begreifen und je nachdem, wie man so gestimmt ist, ziemlich einfach zu befolgen.

Allerdings gibt es auch Regeln, die völlig anders sind, und zwar in jeder Hinsicht. Sie sind schwer zu beschreiben, obwohl sie sich in jeder, wirklich in jeder (!) Firma breit machen. Über sie wird nicht offen geredet, nicht etwa, weil keiner darüber reden *will*, sondern vielmehr, weil keiner darüber reden *kann*. Der Grund ist nicht, dass es verboten wäre, über sie zu sprechen, nein, ganz und gar nicht, sie sind schlichtweg nicht greifbar. Sie stehen nämlich nirgendwo geschrieben, ändern sich ständig, manchmal fast unmerklich, und sie sind letztlich mühselig – allein über Gespräche und genaue Beobachtungen – zu erschließen.

Und es kommt noch schlimmer: Diese geheimen Regeln beeinflussen unser Verhalten massiv und wir bemerken es bisweilen noch nicht einmal. Also, wie denn auch?

Ist doch dieser Zustand fast vergleichbar mit einem Geist, der von uns Besitz ergreift, uns steuert und beeinflusst, ob wir wollen oder nicht.

Mag uns in einer neuen Abteilung zu Beginn das ein

oder andere noch merkwürdig erscheinen, so wird dies nicht von langer Dauer sein. Denn je länger wir dort arbeiten, desto intensiver passen wir uns an und empfinden nach einer gewissen Zeit selbst äußerst absurde Verhaltensweisen als durchaus normal. Hat der Chef etwa die Eigenart, auf Fehler seiner Mitarbeiter ausgiebig, laut und cholerisch zu reagieren, ist man das erste Mal als Betroffener sicherlich irritiert oder sogar zutiefst gekränkt. Nach drei, vier oder fünf Durchläufen reagiert man bereits gelassener und interpretiert gar nach geraumer Zeit einen kurzen, lediglich mittelstarken Ausbruch schon fast als Lob. Darüber hinaus begreift man schnell, dass es friedvoller zugeht, wenn man die eigenen Fehler möglichst unter den Teppich kehrt oder notfalls anderen in die Schuhe schiebt.

Aha, der Geist hat zugeschlagen. Unmerklich. Er wechselt von einem zum anderen, hüpft vom Vorgesetzten zum Kollegen, weiter zum nächsten und zum übernächsten, zurück zum Obersten, stetig und ohne Unterlass. Er macht sich bemerkbar durch klitzekleine Gesten, Bemerkungen und Verhaltensweisen, so etwa durch Rollen der Augen, tiefes Seufzen oder ab und an ein Lächeln, das zeigt, ob ein bestimmtes Verhalten erwünscht ist oder eben nicht.

Nur bei Frau Hedwig, da beißt er sich die Zähne aus, der Geist. Er ruckelt und zuckelt, doch sie bleibt unbeeindruckt. Völlig unbeeindruckt. Was ist bloß los mit der? Keinerlei Reaktion zu sehen. Kennt die Arme

unsere Regeln nicht? Das kann doch nicht sein, sie ist doch schon so lange bei uns. Oder hat sie irgendetwas?
Zunächst waren wir erschrocken, allerdings lediglich einen Moment lang, dann verärgert. Wie kommt sie bloß dazu, uns derart vor den Kopf zu stoßen?
Sie war ja schon immer anders, also anders als wir, so distanziert, fast schon arrogant. Jetzt geht sie noch nicht einmal mehr mit uns zum Essen, kocht ihren eigenen Kaffee, ist nur noch am Arbeiten. Immer fleißig, stets zu Diensten. Sie meint wohl, sie sei etwas besseres, nur weil sie seit Kurzem mit dem Fritzen vom Controlling liiert ist.
Ups, jetzt ist mir das so rausgerutscht. Ich wollte dazu eigentlich gar nichts sagen. Ja, ja, mir ist so etwas in der Richtung zu Ohren gekommen. Und das nicht nur einmal. Ach, das wusstet ihr noch gar nicht? Ja, mich hat das auch erstaunt. Irgendwie passen die gar nicht zusammen. Ich meine auch, der wäre sogar noch verheiratet. Aber ich will keine Gerüchte in die Welt setzen ...

Regelklopse und wie man sie vertilgen kann

Nur weil man die geheimen Regeln kennt und phasenweise das ein oder andere Geheimnis miteinander teilt, heißt das noch lange nicht, dass sich am Arbeitsplatz alle gut verstehen. Ganz und gar nicht. Es tobt der Machtkampf, und zwar immer mal wieder und immer wieder neu. Und natürlich auch immer wieder anders.

So ist es beispielsweise von immenser Wichtigkeit, wessen Schreibtischstuhl einen Drehmechanismus besitzt und zudem noch über Armlehnen verfügt. Wer wann welche Informationen erhält. Wer das Büro mit welchen Utensilien markiert. Wessen Urlaub ohne Diskussion genehmigt wird und natürlich, wer den Kaffee kochen muss, wenn die Praktikantin krank ist.

Hat man jedoch erst einmal begriffen, wo der Hase langläuft, kann man munter mitmischen. Schon werden die eigenen Photos an die Wand gehängt, der Schreibtisch dekoriert, die Pflanzen umgestellt, sozusagen überall Duftmarken gesetzt. Es soll schließlich für jeden gleich erkennbar sein, wer hier das Sagen hat.

Diese kleinen Kämpfe sind nicht zu unterschätzen, denn natürlich geht es nicht um das, worum es auf den ersten Blick zu gehen scheint. Der Stuhl, der sich drehen kann oder der Schreibtisch am Fenster sind letztlich nur vorgeschoben, denn eigentlich geht es um Größeres.

Um weitaus Größeres. Es geht im Kern um *die* zentrale Frage, die nahezu jeden von uns beschäftigt. Nämlich: Wissen die anderen, wie wichtig ich bin? Und wenn nicht, wie mache ich es ihnen unmissverständlich klar? Glücklicherweise existieren Möglichkeiten, die Kollegen diesbezüglich auf den rechten Weg zu führen.

Man muss sie nur kennen. Viele dieser Strategien wendet man sowieso schon an, quasi automatisch, intuitiv aus dem Bauch heraus. Doch nochmaliges Reflektieren ist nie verkehrt, Sie wollen ja schließlich Ihr Ziel erreichen, also:

Ergreifen Sie die Initiative.

⇨ Denn einfach nur passiv zu warten, bis die anderen erkennen, was Sie für ein toller Hecht sind, ist Zeitvergeudung. Berücksichtigen Sie hierbei immer, dass manche Kollegen relativ langsam im Denken und Verstehen sind. Deswegen brauchen diese Ihre Unterstützung.
Zeigen Sie sich bei der Unterstützung Ihrer Kollegen nachsichtig. Ehrliche Bemerkungen sind unangebracht und können zu kontraproduktiven Ergebnissen führen.

Nehmen Sie sich Zeit.

⇨ Heldenfiguren entstehen nicht plötzlich, sondern Schritt für Schritt. Lassen Sie jeden Tag an unterschiedlicher Stelle ein, zwei positive Bemerkungen über sich selbst fallen, am besten fast unmerklich in Nebensätzen.

Beeindrucken Sie.

⇨ Natürlich vor allem Ihren Vorgesetzten, denn hat der erst einmal verstanden, mit wem er es zu tun hat, wird er sein Wissen emsig an die Kollegen weitergeben und so eine Art Schneeballsystem initiieren. Und schon läuft alles wie von selbst. Durch was Sie beeindrucken, ist dabei übrigens unerheblich, Hauptsache Sie achten darauf, über Ihre Wissenslücken und Fehler hinweg zu täuschen.

Und das Allerwichtigste: Bleiben Sie sich selbst auch weiterhin treu, und zwar konsequent!

Es ist natürlich nicht zwingend erforderlich, permanent jede einzelne dieser Strategien anzuwenden. Das wäre in der Tat zuviel des Guten. Sie wollen schließlich glaubwürdig bleiben. Nein, es reicht vollkommen, ab und an eine der Vorgehensweisen einfließen zu lassen. Denn haben die Kollegen erst einmal im Langzeitgedächtnis die zentrale Information abgespeichert, dass Sie wichtig sind, ist es zumeist ausreichend, je nach Bedarf einen erneuten Denkanstoß zu geben, um so das bereits Gelernte zu reaktivieren. Aber das kennt man selbst ja auch.

Arbeiten ist letztendlich ein Wechselspiel aus Geben und Nehmen. Der eine opfert seine Zeit und bringt Leistung, der andere belohnt dies mit Geld und Anerkennung. Grundvoraussetzungen, damit dieses System funktioniert, sind natürlich Vertrauen und Verantwortungsgefühl, und zwar von beiden Seiten.

Vor diesem Hintergrund ist es für jeden Mitarbeiter unerlässlich, ja fast überlebenswichtig, eine ausgeprägte Sensibilität für Situationen zu entwickeln. Er muss also die Fähigkeit besitzen, mit Feingefühl und analytischem Verstand messerscharf und zeitnah einschätzen zu können, ob er das bekommt, was ihm zusteht. Ist diese Fähigkeit unterentwickelt, falsch verdrahtet oder gar völlig abhanden gekommen, können langfristig selbst kleine alltägliche Vorkommnisse zu massiven Konsequenzen führen.

Hat der Mitarbeiter beispielsweise montags auf die Frühstückspause, die ihm selbstverständlich zusteht, verzichtet, steht ihm als Ausgleich an den restlichen Tagen der Woche zumindest eine ausgedehnte Mittagspause zu. Hat er vormittags schnell gearbeitet, kann er es nachmittags langsamer angehen lassen. Hat er in seiner Freizeit ein dienstliches Telefongespräch geführt, kann er während der Arbeitszeit auch Privates erledigen.

Schafft man diesen Ausgleich nicht, entsteht ein verfälschtes Bild. Man kann schließlich nicht permanent auf Pausen verzichten, von einer Arbeitsaufgabe zur nächsten hechten und zusätzlich zu Hause arbeiten.

Das wäre für keinen gut. Für einen selbst nicht – denn permanenter Stress macht krank, das wissen mittlerweile ja selbst die Vorgesetzten – und für die Kollegen nicht.

Arbeitet nämlich einer stetig und schnell, frustriert er die anderen. Wer seine Kollegen bewusst und willentlich frustriert, verhält sich unkollegial. Wer sich unkollegial verhält, macht sich unbeliebt. Ist man unbeliebt, wird man ausgeschlossen. Wird man ausgeschlossen, bekommt man keine Geheimnisse erzählt. Und was das bedeutet, haben Sie ja schon im vorherigen Kapitel gelesen.

Also ist es definitiv besser, einen gesunden Ausgleich zwischen Geben und Nehmen zu schaffen, sozusagen ein selbst entwickeltes Gerechtigkeitssystem. Soviel Freiheit muss sein, sonst bestünde schließlich keine Vertrauensbasis zwischen Mitarbeitern und Vorgesetzten. Und das ist ja erwiesenermaßen die Grundvoraussetzung für eine gute Zusammenarbeit.

Es gibt darüber hinaus noch eine weitere Komponente, die es in der Zusammenarbeit mit anderen zu beachten gilt, nämlich die Diskretion. Gerade, wenn man sich am Arbeitsplatz jeden Tag sieht und zudem sogar zusammen in einem Raum sitzt, bekommt man bisweilen Dinge mit, die man eigentlich gar nicht wissen möchte.

Nicht nur, dass man bis ins kleinste Detail jegliche Beziehungsproblematiken, die besonderen Vorlieben und Abneigungen oder auch die aktuelle Verdauungssituation nach dem Mittagessen erfährt, nein, es ist oftmals noch viel gravierender: Man bekommt, ob man will oder nicht, also quasi gezwungenermaßen, die Gedanken mit, die der Kollege gerade im Kopf hat. Und das kann grausam sein. Nahezu erschütternd.

Er sitzt vor dem Computer, ist hochkonzentriert, seine Haltung wirkt angespannt, kleine Schweißperlen bilden sich auf seiner Stirn, er spricht laut vor sich hin, merkt nicht mehr, was um ihn herum passiert, scheint völlig weggetreten.
Ich wage nicht, auf seinen Bildschirm zu schauen. Nein, das möchte ich nicht. Besser nicht. Er ist erwachsen und ich bin es auch. Aber ich kann Ihnen sagen, so etwas ist nicht schön. Überhaupt nicht schön. Aber er ist ja nun einmal mein Kollege und eigentlich auch einer, den ich ziemlich gerne mag, einer der immer Zeit für ein Schwätzchen hat.
Und dann so etwas.
Jetzt heißt es taktvoll zurückhaltend sein, zeigen, was in einem steckt. Nein, ich werde keinem davon erzählen. Also zumindest keinem aus dem Büro. Ganz sicher nicht. Das wäre nämlich kein Geheimnis mehr, sondern waschechter, diffamierender Tratsch. Und da mache ich nicht mit, da hört der Spaß auf.
Auch das ist übrigens unter Kollegen eine geheime Regel, eine ganz wichtige sogar.
Man muss also ein gutes Gespür dafür haben, wann Diskretion in welcher Form von Nöten ist. Aber das ist noch nicht alles. Nein, als sozial kompetenter Kollege sollte man zudem über eine weitere Eigenschaft verfügen. Eine Eigenschaft, die ebenso im Leben jenseits des Arbeitsplatzes oftmals gefordert wird, es geht um das *Verzeihen*.

Hat einer der Kollegen mal wieder den Locher, die Schere, wichtige Unterlagen oder auch Fachbücher von Ihnen ausgeliehen und vergessen, diese zurückzubringen, ist Großzügigkeit gefordert. Ähnliches gilt übrigens für benutzte Kaffeetassen, liegengelassene Papiertaschentücher, überquellende Mülleimer, klebrige Telefonhörer oder Kopierer, die aufgrund eines Papierstaus plötzlich von allen Kollegen gemieden werden.
Wenn all dies Dinge sind, über die Sie sich bisweilen ärgern, dann haben Sie genau drei Möglichkeiten zu reagieren:

1. *Sie sprechen die Kollegen direkt darauf an und fordern, dass sie sich ändern.*
   Die Idee ist grundsätzlich gut, aber langfristig gesehen aufgrund der Vergesslichkeit ihrer Kollegen nicht unbedingt Erfolg versprechend.

2. *Sie schlucken den Ärger herunter und schweigen.*
   Das kann man natürlich machen, schadet auf Dauer jedoch Ihrer Gesundheit. Jedes Mal, wenn Sie die Kollegen sehen, quillt der Ärger erneut die Kehle hoch, Sie fangen an, sich über Kleinigkeiten aufzuregen, wirken nach einer geraumen Zeit verkniffen und verbiestert. Das wiederum schadet der Atmosphäre und dem Teamgeist.

3. *Oder aber: Sie verzeihen.*
Das bedeutet: Sie haben keine Rachegedanken, Sie wollen den anderen nicht für seine Untaten bestrafen, nicht einmal, wenn er es objektiv gesehen eindeutig verdient hätte, und hegen auch keinen Groll.
Nein, ganz im Gegenteil! Sie fühlen sich frei und unbeschwert und haben sich längst von dem irrigen Wunsch verabschiedet, der andere möge sich endlich so verhalten, wie es der Normalität entspräche.

Mal ganz im Ernst: Sie müssten ja bescheuert sein, würden Sie eine andere Variante als die dritte wählen, oder?!

Machen Regelverstöße einsam?

Was für eine Frage! Wir sind doch alle Regelflegel, und wenn alle etwas gemeinsam haben, uns alle also etwas verbindet, dann kann man doch nicht einsam sein, oder?

Andererseits gibt es natürlich graduelle Unterschiede, zum einen in der Art der Verstöße, in der Häufigkeit und natürlich im Umgang mit ihnen. Und je nach Toleranz oder Engstirnigkeit der Mitmenschen kann es natürlich phasenweise durchaus Einsamkeit geben. Also natürlich nicht immer und auch nicht immer mit gleicher Intensität. Es kommt halt darauf an.

Hat man beispielsweise die Steuererklärung mit Hilfe kleinerer Unaufrichtigkeiten so geschickt aufgepeppt, dass man mehr Geld bekommt, als einem zusteht, oder konnte man eine Politesse anhand fantasievoller Ausreden überzeugen, *keinen* Strafzettel auszufüllen, gilt man als Held, sogar als cleverer Held. Clevere Helden sind wohl eher selten einsam, und wenn doch, so hat es sicherlich andere Gründe als allein das Verstoßen gegen Regeln.

Denn gerade das *clevere* Verstoßen gegen Regeln wird von den Mitmenschen oftmals sogar hochgeschätzt, und zwar aus zweierlei Gründen:

Erstens beruhigt es ungemein, die wohlige Gewissheit zu haben, dass die anderen ebenfalls regelwidrig handeln. Denn machen es alle, kann es schließlich nicht verkehrt sein. Außerdem muss man darauf achten, nicht zu kurz zu kommen, und diese Verantwortung kann man nicht abschieben, die muss jeder selbst tragen. Und zweitens besteht die durchaus berechtigte Hoffnung, den ein oder anderen Hinweis zu bekommen, wie man genauso erfolgreich Regeln umgehen kann, ohne bestraft zu werden.

Egal mit welchem Hintergrund, jedenfalls sucht man die Nähe zu dem Helden. Wissbegierig und interessiert.

Und der Held?

Na, der muss berichten, möglichst offen und detailliert. Seine Aufgabe ist es, seine Tipps und Tricks so geschickt zu verkaufen, dass die anderen neugierig, wenn nicht sogar ehrfürchtig an seinen Lippen hängen und im besten Fall eine gewisse Dankbarkeit verspüren, dass sie an seinen Erfahrungen teilhaben dürfen.

Allerdings ist das Präsentieren der eigenen Heldentaten nicht immer ganz einfach und birgt einige Tücken in sich. Unterlaufen ihm hierbei grobe Fehler ist es aus mit dem Ruhm. Berichtet er etwa plump wiederholend und unterlegt das Gesagte zudem mit jeweils variierenden Abwandlungen, die das Positive auch noch von Mal zu Mal vehementer betonen, vermittelt er schnell das Bild eines aufdringlichen Mittelpunktstrebers.

Schon hat er verloren, der Held. Steht plötzlich ganz einsam da. Keiner hört ihm mehr zu. Er merkt's noch nicht einmal. Ein wahrlich trauriges Bild. Er hat es nicht geschafft. Konnte nicht überzeugen, nicht von seinen Taten, nicht von seiner Person. Ja, in der Tat, er kannte die Regeln nicht, der arme einsame Kerl.

Ein ziemlich sicherer Weg in die Einsamkeit ist übrigens auch das Überschreiten von Grenzen. Allerdings nicht nur von sichtbaren Grenzen, also nicht ausschließlich solcher, die beispielsweise den eigenen Vorgarten oder den Platz auf der Parkbank markieren, sondern vielmehr derjenigen, von deren Existenz man zwar prinzipiell weiß, deren genaue Position jedoch lediglich zu erahnen ist.
Jeder von uns hat natürlich ganz individuelle Grenzen. Beim einen sind sie etwas weiter gefasst, beim anderen eher etwas enger geknüpft, bisweilen gar fest verzurrt und verknotet. Allerdings variiert dies meist je nach Stimmung und Situation.
So kompliziert es aber auch sein mag, die gerade aktuellen Grenzen seiner Mitmenschen wahrzunehmen, so einfach ist es, mitzubekommen, wenn man selbst wieder einmal versehentlich eine Grenze überschritten hat. Befand sich die Beziehung zu den Mitmenschen gerade eben noch im grünen Bereich, kann sich dies bei Grenzüberschreitungen schlagartig ändern, bisweilen sogar eklatante Ausmaße annehmen.
Spontan sind hier Situationen innerhalb der eigenen vier Wände zu nennen. Etwa wenn der aktuelle Schatz zu spät kommt, zum verabredeten Termin nicht anruft

oder es schon wieder versäumt hat, die Socken *in* und nicht neben den Wäschekorb zu werfen.
All dies sind Regelverstöße, die je nach Stimmungslage durchaus als Grenzüberschreitung gewertet werden können. Doch auch wenn sie einerseits ärgerlich und nervtötend sind, so ist es andererseits dennoch möglich, sie mehr oder weniger freundlich aus dem Weg zu räumen, also je nach Beziehungshygiene. So etwa durch sein schuldbewusstes Demonstrieren von Einsicht, dem Versprechen, sich grundlegend zu ändern oder durch seine bemühte aber ganz offensichtlich armselige Suche nach Argumenten, die die Vorteile der Lage der Socken *neben* dem Wäschekorb herausstellen sollen.
Nun gibt es jedoch Situationen, in denen die eigenen Grenzüberschreitungen nicht von Menschen zurückgemeldet werden, die einen gut kennen, sondern von völlig fremden. Menschen, denen ich noch niemals vorher begegnet bin, über die ich rein gar nichts weiß und die auch umgekehrt keinerlei Informationen über meine Person haben.
Sie kennen also weder meine Vorlieben, meine Charakterstärken, meine sozialen Kompetenzen, meinen Grad der Reflektiertheit und wissen natürlich auch nicht, anhand welcher Gründe ich mich gerade jetzt so verhalte, wie ich mich verhalte. Und trotzdem meinen diese Fremdlinge, ein Recht zu haben, mir ein Feedback geben zu müssen.

Erschreckend. Zumal solche Rückmeldungen der Erfahrung nach lediglich in den seltensten Ausnahmefällen fundiert und konstruktiv formuliert, sondern ganz im Gegenteil meist pauschal und unverhohlen entgegen geschleudert werden.
Hat man beispielsweise das Ende einer Warteschlange nicht ergründen können und stellt sich dementsprechend versehentlich an den Anfang der Schlange, wird man bisweilen auf ziemlich uncharmante Art und Weise zurechtgewiesen und im unflätigen Tonfall aufgefordert, sich gefälligst dahin zu stellen, wo man hingehört, nämlich ganz hinten.
Also, ich finde das, ehrlich gesagt, äußerst unpassend. Erstens weckt ein solcher Tonfall bei mir eher Widerstand als Anpassung und außerdem wissen die doch gar nicht, wie eilig ich es habe.
Schließlich habe ich gleich einen wichtigen Termin. Ja, ich bin eben keine Hausfrau, kein Student und auch kein Rentner mit unendlich viel Zeit im Rucksack. Ganz im Gegenteil, ich arbeite oft und hart, finanziere die Renten, wahrscheinlich von mindestens der Hälfte der Schlange hier, bin also eine fundamentale Stütze für diesen Staat, verhalte mich ansonsten stets korrekt und sozial kompetent und stelle mich eigentlich *immer* hinten an, nur eben heute nicht.
Aber das interessiert hier ja keinen, nicht einen dieser engspurigen Kleindenker in der Schlange. Haben alle nur ihr eigenes kleines Glück vor Augen, legen den

Schwerpunkt ihres Denkens auf die Einhaltung von Reihenfolgen und lassen jegliches Vertrauen gegenüber ihren Mitmenschen vermissen.
Sie vertrauen auch mir nicht, denn sonst wüssten sie, dass ich weiß, was ich tue. Und wenn ich schon sehe, wie die plötzlich anfangen, die Köpfe zusammen zu stecken und miteinander zu reden, wird mir ganz anders. Sie lamentieren, dass so etwas nicht ginge, und dass Vordrängeln eine wirkliche Frechheit wäre, fast schon asozial.
Was heißt hier asozial? Schließlich sorge ich dafür, dass sie ein Gesprächsthema haben. Hätte ich ihnen das nicht geboten, stünden sie alle stumm und von der Öde des Einkaufens gelangweilt hintereinander in der Reihe und warteten. Da muss also erst eine wie ich kommen und sie animieren. Von alleine tut sich da nichts. Rein gar nichts. Wie armselig.
Nein, mit solchen Leuten möchte ich nichts zu tun haben. Ganz sicher nicht. Dann bin ich lieber einsam für mich, eine Abweichlerin, die sich dem sozialen Druck nicht beugt.
Welch ein Glück, dass ich vorne stehe und keinem dieser Nörgler in die Augen schauen muss. Nicht auszudenken, welche Perspektive ich vom hinteren Teil der Schlange gehabt hätte. Ich stelle meine Ohren auf Durchzug, bekomme die Bemerkungen und Rufe von hinten gar nicht mit. Sollen sie doch reden, was sie wollen.

Ratzfatz komme ich an die Reihe und habe alles, wie geplant, in Windeseile erledigt. Muss ich auch, denn ansonsten komme ich zu spät nach Hause, was bei meiner besseren Hälfte gar nicht gut ankommt. Und das wäre dann wahrscheinlich auch für mich ein wenig zu viel Einsamkeit an einem einzigen Tag.

Ganz schön kompliziert

Das Ausloten der jeweiligen Grenzen, was sozial noch akzeptabel ist und was nicht, ist aber auch wirklich tückisch und fordert einiges an Flexibilität und Anpassungsvermögen. Man kann sich eben nicht immer gleich verhalten. Das wäre sogar fatal. Ich muss mich vielmehr einfügen in die jeweilige Rolle, die ich gerade innehabe. Bin ich etwa mit dem Fahrrad unterwegs, kann ich mir nahezu jedes Recht herausnehmen. Ich fahre frei und unbeschwert auf Bürgersteigen, gegen die Einbahnstraßen, verscheuche diejenigen, die mir im Weg stehen und lasse mich selbst von roten Ampeln nicht aufhalten. Meine Feinde sind die Fußgänger und natürlich auch so mancher Autofahrer, wobei *Feinde* fast etwas hart ausgedrückt scheint, das Wort *Störfaktoren* trifft es wohl besser.
Fahre ich hingegen mit dem Auto, stellt sich meine Welt völlig anders dar. Ich bin zwar definitiv der Schnellere und der Stärkere, aber auch derjenige, der leichter zu identifizieren ist. Also muss ich mich eini-

germaßen benehmen, zumindest da, wo ich die Wahrscheinlichkeit, erwischt zu werden, als relativ hoch einschätze.
Mit dem lautstarken und hemmungslosen Fluchen ist es übrigens genau umgekehrt. Ist dies als Autofahrer völlig unproblematisch, zumindest solange die Fenster geschlossen sind und der Beifahrer belastbar ist, kann das als Radfahrer schon ganz anders aussehen.
Schäumt man vor Wut und tobt und hüpft, kann dies je nach Situation die Aufmerksamkeit der anderen auf sich ziehen. Und schon ist man im Mittelpunkt, ob man will oder nicht. Man wird schräg angeschaut, aus der Gruppe ausgeschlossen, die anderen schütteln die Köpfe, lamentieren ... undsoweiterundsofort. Das ganze Programm eben. Nein, das möchte ich nicht.
Also beschließe ich auf der nächsten Autofahrt, mich an die Regeln zu halten, und zwar konsequent. Ich fahre ab sofort in Spielstraßen höchstens 10 km/h, drossele die Geschwindigkeit, bis der Motor zu stottern beginnt und die Fußgänger an mir vorbeieilen, halte zudem bei jeder Ampel spätestens, sobald sie auf gelb springt, denke bei grün erst noch einmal gründlich darüber nach, ob mich meine Wahrnehmung auch wirklich nicht täuscht, lasse jeden einscheren, der den Eindruck macht, er könne eventuell gleich blinken wollen und definiere 50 Stundenkilometer innerorts als meine absolute Höchstgrenze.

Auch das kam nicht gut an. Also gar nicht gut. Die anderen in den Autos hinter mir waren wohl neidisch, weil ich das geschafft habe, woran sie immer wieder scheitern. Ja, ich weiß, regeltreu zu sein ist nicht einfach. Aber dass man deswegen gleich so heftig beschimpft wird, hat mich doch verwundert. Nun komme ich ernsthaft ins Grübeln: Einsam bin ich sowieso, ob regelkonform oder regelwidrig. Dann erscheint mir letzteres doch attraktiver oder zumindest weniger gefährlich.

Wir Regelflegel

Nun gut, wir *alle* sind Regelflegel. Na, wer hätte das gedacht, insbesondere von uns Deutschen? Wir haben doch eigentlich eher den Ruf, regeltreu, akkurat, ordnungsliebend, pünktlich und gewissenhaft zu sein. Kurz gesagt: leicht pedantisch. Und jetzt kommt plötzlich zum Vorschein: Wir alle verstoßen gegen Regeln. Das kann doch nicht wahr sein. Ist es aber!

Schauen Sie sich doch einmal um, beobachten Sie Ihre Mitmenschen und auch sich selbst kritisch und hemmungslos. Und, was fällt Ihnen auf? Genau, es gibt keinen einzigen Tag, an dem wir nicht über Regelverstöße stolpern. Und fangen wir erst einmal an, darauf zu achten, schnellt die Anzahl der regelwidrigen Beobachtungen rasant in die Höhe.

Das Beruhigende ist allerdings, dass es alle machen. Und wenn es alle machen, ist es normal. Sie fallen also nicht aus dem Rahmen, sondern verhalten sich vielmehr angepasst und durchschnittlich.

Und letztlich ist es ja auch ganz schön, zum Durchschnitt zu gehören, man muss ja nicht immer in allen Bereichen danach streben, etwas Besonderes zu sein.

Typisch deutsch?

Doch zurück zu uns. Wie kommt es bloß, dass wir Deutschen so häufig verstoßen? Zumal der Eindruck von uns doch anscheinend ein ganz anderer ist. Sind wir also anders, als wir wirken, oder wirken wir anders, als wir sind? Oder ist das jetzt dasselbe? Egal, auf jeden Fall ist da irgendetwas verwirrend.

Betrachten wir uns doch einmal die Schrebergärtner. Also das müssen ja ganz besonders kluge Menschen sein. Sie haben äußerst komplexe Regelwerke, die es erst einmal zu verstehen gilt, bevor man sie einhalten kann. Oder hätten Sie gewusst, dass es lebende Zäune gibt, und was es bedeutet, seinen Garten »kleingärtnerisch« zu nutzen? Allerdings hat der Schrebergärtner an sich einen großen Vorteil, er bildet nämlich mit Gleichgesinnten eine Gemeinschaft, und zwar eine Gemeinschaft, in der gegenseitig liebevoll darauf geachtet wird, dass sich bloß jeder an die Regeln hält.

Ähnlich verhält es sich übrigens in FKK-Clubs. Auch hier gibt es ganze Regelsammelsurien, auf deren Einhaltung konsequent und nachhaltig Wert gelegt wird. So ist es beispielsweise Pflicht, nackt zu sein. Man *kann* sich also nicht nur ausziehen, sondern *muss* sich ausziehen, allein schon aus Respekt gegenüber den anderen. Ist es kalt, muss man nicht frieren, sondern darf ein T-Shirt überziehen, aber auch wirklich nur dann. Frauen mit Brüsten ab Körbchengröße D ist es gestattet, beim Sport einen BH zu tragen. Badeanzüge sind strikt verboten, Kopfbedeckungen erlaubt, Sonnenbrillen übrigens auch.

Man fühlt sich unabhängig und frei, verhält sich letztlich jedoch genau so angepasst wie alle anderen Nackedeis auch, nämlich verordnet textillos. Allerdings, und das ist der entscheidende Unterschied, frei gewählt. Zumindest ziemlich frei.

Denn ordne ich mich nicht unter, bekomme ich Probleme mit meiner Gemeinschaft. Habe ich Probleme mit meiner Gemeinschaft, fühle ich mich nicht wohl. Das will ich nicht, also halte ich mich lieber an die Regeln; so fühle ich mich gut und die anderen mögen mich wieder. Und dann kommt plötzlich die große Freiheit. Ich verlasse den Verein.

Fahre auf die Autobahn. Auch hier gibt es Regeln, das ist klar, aber keine derartige Gemeinschaft. Jetzt bestimme ich. Ich habe es gerne links und rechts etwas freier, deswegen wähle ich die Mittelspur. Hier fühle ich mich wohl. Pudelwohl. 120 km/h sind mir zu schnell, ich will ja schließlich etwas sehen von meiner Umgebung, nein, ich bleibe konsequent bei 80 km/h. Ich habe keine Eile. Links und rechts flitzen sie an mir vorbei, schauen neidisch zu mir herüber, gestikulieren. Sollen sie doch. Ich lasse mich von niemandem beeinflussen. Und heute, nach einem solchen Tag, schon gar nicht mehr. Aber mal ganz ehrlich, wahrscheinlich ist die These vom Freiheitsgefühl der Mittelspurfahrer

auch ziemlich weit hergeholt. War ja auch nur so ein Gedanke.
Und abgesehen davon bin ich ziemlich froh, dass es keine Schrebergartenvereine mit FKK-Betrieb gibt. Nicht auszudenken, auf welche Art und Weise die Anhänger dieser Kultur dann ihre »gemeinschaftsfreie« Zeit genießen würden.

Alles geregelt

Bei uns in Deutschland ist ein beträchtlicher Teil des Lebens eindeutig geregelt. Bisweilen sind wir jedoch mit Situationen konfrontiert, in denen die eigenen Mitmenschen recht merkwürdige Dinge tun. Die Rede ist von Verhaltensweisen, die wir selbst niemals zeigen würden, bei anderen jedoch erschreckend oft beobachten. Das kann ein ganz schöner Schock sein.
Sollte es in unserer Gesellschaft eventuell doch noch immer sogenannte Regellücken geben? Also ganze Bereiche, die der dringenden Überarbeitung bedürfen.

☺ Warum bekommen beispielsweise Gaffer, die Unfallstellen blockieren, kein Zeitlimit gesetzt? Oder müssen zumindest Eintritt zahlen, also sozusagen eine Gaffergebühr. Das wäre für unsere Staatskasse übrigens eine immense Einnahmequelle.

- Warum bleiben Menschen, die aufgrund ihrer verwendeten Parfums gegen das Betäubungsmittelgesetz verstoßen, nach wie vor ungestraft?
- Warum dürfen Verschnupfte frei heraus in die Gegend niesen, dass es nur so sprüht?
- Und insbesondere: Warum ist es Männern möglich, an Autobahnparkplätzen und anderen gut einsehbaren Orten ungeniert zu urinieren, ohne bestraft zu werden?

Alles das sind Fragen, denen man in gewisser Weise ratlos gegenüber steht. Also, *dass* es Menschen unter uns gibt, die so etwas tun, ist unbestritten. Aber man fragt sich doch, *warum* machen die das?
In dem ein oder anderen Einzelfall kann man mit Mühe sicherlich noch eine Erklärung finden. So weiß man beispielsweise noch aus dem Biologieunterricht, dass Urinieren im Tierreich bedeutet, dass Duftmarken gesetzt werden, um Territorien zu markieren.
Aber mal unter uns gefragt, kann denn das der Grund sein? Haben unsere Männer von heute noch immer ein solch archaisches Verhalten nötig? Und wenn ja, muss es denn dann gleich nahezu jeder Parkplatz sein?
Hören wir lieber auf, diesen doch recht befremdlichen Gedankengang weiter zu verfolgen. Wenden wir uns besser der übergreifenden, sozusagen der globalen Frage zu: Brauchen wir in Deutschland tatsächlich *noch* mehr Regeln oder einfach nur mehr Parkplätze?
Also die Frage nach mehr Parkplätzen erübrigt sich wahrscheinlich von selbst. Schließlich muss man die Kirche im Dorf lassen. Abgesehen von den Kosten kämen unsere Männer unnötig weiter in Stress, und für die Umwelt wäre es sicherlich auch kein Gewinn. Also müssen wohl mehr Regeln her?

Noch mehr Regeln?

Können weitere Regeln die Lösung sein? Ein Großteil von uns ist ja noch nicht einmal in der Lage, den Kreisverkehr ordnungsgemäß zu beherrschen, und das, obwohl fast jedes noch so kleine Dorf mindestens einen besitzt. Weitere Vorgaben wie Reißverschlussverfahren oder Bremswegberechnungen bei feucht-schlüpfrigen Straßen wage ich gar nicht erst zu erwähnen.
Vielleicht ist uns aber auch einfach alles zu viel. Zu viele Regeln. Zu viele Verbote. Zu viele Grenzen. Und ein Zuviel von etwas kann durchaus zu massiven Problemen führen. Das ist allseits bekannt. Das ist mit fettem Essen genauso wie mit reglementierenden Vorschriften. In Maßen gut zu verkraften, im Übermaß reagiert die Galle.
Bei Letzterem, also den Reglementierungen, fängt es allerdings üblicherweise zunächst im Kopf an und strahlt erst im Anschluss auf den ganzen Körper aus. Es entsteht zunächst eine Art Verarbeitungsstau im Gehirn, Informationen werden zwar aufgenommen, können aber nicht integriert und gespeichert werden, was zur Folge hat, dass es auch mit dem Abrufen derselben nicht mehr klappt.
Und schon kommt man durcheinander. Leidet an einer Art Regelkonfusion. Diese Form der Störung zeigt sich bei Regelbrechern vornehmlich anhand von Symptomen wie Realitätsverlust, Selbstüberschätzung, mangelndem Schuldbewusstsein oder kurzen eksta-

tischen Phasen der Euphorie. Später kommen dann unter anderem noch Schlafstörungen oder Schweißausbrüche hinzu. Die ganze Latte eben.

Ob also das *Aufstellen* weiterer Regeln gleichzeitig auch das *Einhalten* derselben bedeutet, ist äußerst zweifelhaft. Denn wir verhalten uns schließlich weiterhin so wie immer, sozusagen stabil regelwidrig. Jeder auf seine Art. Der eine fährt des Öfteren schwarz, kann aber ansonsten nicht lügen, der andere würde niemals ohne gültige Fahrkarte eine U-Bahn betreten, geht aber ganz gerne einkaufen, ohne zu bezahlen. Jeder hat also sein eigenes Programm.

Gäbe es nun noch mehr Regeln, gäbe es auch mehr zu flegeln. Keine dramatische Vorstellung, zumal Regelflegel ja durchaus pfiffige Zeitgenossen sein können, aber letztlich hilft das bei der Beantwortung der Frage, ob wir mehr Regeln brauchen, nicht wirklich weiter.

Vielleicht ist es auch einfach gut so, wie es ist, und zwar für alle. Denn Regeln gibt es genügend, das heißt, wenn ich mich daran halten will, habe ich ein weites Betätigungsfeld, und wenn ich verstoßen will, ebenfalls. Also kommt jeder zum Zuge. Außerdem schafft das Arbeitsplätze für Polizisten, Rechtsanwälte, Politessen oder Psychologen, und darüber hinaus, und das darf nicht unterschätzt werden, auch jede Menge Gesprächsstoff. Und der ist wichtig, besonders für das Zwischenmenschliche.

Wer denkt, unsere zentralen Charakterstärken seien

Egoismus und Rücksichtslosigkeit, liegt falsch, und zwar völlig falsch, sogar eklatant falsch. Wir haben noch eine ganz andere Seite, die zwar nicht immer sichtbar, aber dennoch vorhanden ist. Wir zeichnen uns nämlich auch durch ein hohes Maß an Fürsorglichkeit aus. Ja, wir sorgen für die anderen, hingebungsvoll und stets darauf bedacht, sie vor größerem Schaden zu bewahren.

Etwa durch Blitzerhotlines im Radio oder Internet, durch die eifrig alle Mitmenschen, und zwar wirklich alle, sogar die weniger netten, mit Informationen versorgt werden, an welchen Orten, sie sich möglichst an Regeln halten sollten.

Ähnlich fürsorglich verhalten wir uns übrigens auch beim Überqueren von Straßen trotz roter Ampel. Kaum einer von uns denkt dabei nur an sich. Ganz im Gegenteil.

Üblicherweise schauen wir zuerst, ob Kinder in der Nähe sind. Ganz kleine, die schlafend im Kinderwagen liegen, zählen allerdings nicht. Ganz große, die pubertär wirken, also die mit Pickeln und leidendem Blick übrigens auch nicht. Denn die wollen ja sowieso ihre eigenen Entscheidungen treffen. Und das hat man zu respektieren. Das ist wichtig für ihre gesunde Entwicklung, insbesondere für ihre diversen Stufen der Ich-Verfestigung.

Also, wenn wir uns das alles durch den Kopf gehen lassen, dann liegen wir in unserem Umgang mit Regeln doch gar nicht so verkehrt. Der eine verstößt ein

bisschen mehr, der andere dafür ein bisschen weniger, sodass wir insgesamt betrachtet letztlich doch wieder im grünen Bereich liegen.
Und wenn die Regeln nachvollziehbar und sinnvoll erscheinen, spricht ja auch nichts dagegen, das Richtige zu tun. Und was das Richtige ist, muss natürlich jeder für sich selbst entscheiden. Wir sind schließlich alle erwachsene Persönlichkeiten. Jeder für sich. Und eine gewisse Freiheit muss schließlich sein, man möchte ja nicht als anpassungswütiger Konformist durchs Leben huschen. Nein, wir bestimmen selbst! Allerdings wollen wir natürlich auch nicht hinters Licht geführt werden. Aber wer will das schon?
So ist es für uns besonders einschneidend, wenn Erwartungen enttäuscht, ja fast missbraucht werden. Wir selbst handeln im guten Glauben und werden letztlich sträflich hintergangen. Solche Erfahrungen werden nicht einfach weggesteckt, denn sie sitzen tief, bohren sich in die Erinnerung und klopfen bei Gelegenheit immer wieder an.
Weist also beispielsweise ein Straßenschild auf eine Radarmessung hin, ist es wohl das Mindeste, dass auch tatsächlich ein Blitzgerät installiert wurde. Ist dies nicht der Fall, bin ich umsonst vom Gas gegangen. Bin ich umsonst vom Gas gegangen, ärgere ich mich und fühle mich reingelegt. Und wenn das der Fall ist, sorge ich erst einmal für ausgleichende Gerechtigkeit: Die haben mich betuppt, also habe ich jetzt einen frei.

Mindestens einen, vielleicht auch zwei. Also sozusagen ein paar Regelverstöße gratis.
Und die nehme ich mir, soviel ist sicher. Muss ich auch, denn ansonsten gerät meine innere Balance völlig aus dem Lot und was das wieder für Konsequenzen haben kann, also für meine körperliche Gesundheit, mein nahes Umfeld und natürlich auch für meine seelische Verfassung im Allgemeinen, wage ich erst gar nicht auszudenken.
Doch auch, wenn eine ausgleichende Gerechtigkeit zur Vermeidung von Stimmungstiefs und im Sinne der Mitmenschen sicherlich oftmals zielführend ist, so darf diese andererseits natürlich nicht als Freibrief für Verstöße in Wildwestmanier missbraucht werden. Nein, letztlich würde das auch gar nicht zu uns passen. Wir richten ja schließlich unser Verhalten nicht ausschließlich danach aus, ob etwas ganz streng, ein bisschen streng oder gar nicht verboten ist oder danach, welche Regellücken – mehr oder weniger legitim – ausgenutzt werden könnten. Nein, das ist wirklich nicht unsere Art.
Und vielleicht ist genau das des Dackels Kern.
Wir brauchen nämlich nicht noch mehr Regeln, sondern stattdessen noch mehr Flegel. Ja, Sie haben richtig gelesen. Wir brauchen jeden Einzelnen von Ihnen. Jeder leistet seinen Beitrag, und zwar jeden Tag aufs Neue.
Allerdings brauchen wir keine Flegel, die sich im kog-

nitiven Tiefschlaf befinden. Also solche, die dumpf verstoßen, weil sie sich gerade einen kleinen Vorteil versprechen, sondern vielmehr solche, die weitestgehend intelligent vorgehen, also zumindest bisweilen mit Sinn und Verstand. Denn nur durch diese kommt Schwung in die Sache, wandelt sich das eine oder andere, werden Regeln geändert, konsequenter sanktioniert, neu kreiert oder wieder abgeschafft.

Und das hat doch etwas, offen bekennen zu können: Na klar, ich bin ein Regelflegel, aber eben ein kritischer. Und das ist gut so.

Was bin ich denn nun für einer? – Der Regelflegel-Test

Also, dass Sie ein Regelflegel sind, das ist nun sicher. Doch was Sie genau für ein Typ sind, oder anders ausgedrückt, wie Sie am liebsten flegeln, das ist noch offen.

Wenn Sie Interesse haben, das herauszufinden, dann ...

... lesen Sie die aufgeführten Situationen sorgfältig durch.

... entscheiden Sie sich pro Situation für die Antwort, die Ihnen am ehesten zusagt.

... hüten Sie sich davor, mehr als eine Frage zu überspringen.

... und seien Sie unbedingt ehrlich.

Hinweis: Regelverstöße helfen hier übrigens gar nicht weiter.

1. Stellen Sie sich vor, Sie stehen als Fußgänger an einer roten Ampel. Es kommt weit und breit kein Auto. Wie verhalten Sie sich?	
Ich bleibe so lange stehen, bis die Ampel grün wird, da ich das für sicherer halte.	A

Ob die Ampel rot oder grün leuchtet, ist mir nicht so wichtig. Wenn ich es für richtig halte, gehe ich rüber.	B
Ich überzeuge mich, dass wirklich kein Auto kommt, und keine Kinder in der Nähe stehen. Wenn das so ist, gehe ich trotz roter Ampel über die Straße.	C
Ich bleibe wahrscheinlich stehen, obwohl ich das oftmals für unsinnig halte.	D

2. Geschwindigkeitsbegrenzungen auf Autobahnen ...	
... halte ich prinzipiell schon für sinnvoll, trotzdem übertrete ich sie manchmal in einem akzeptablen Rahmen.	A
... sind oftmals willkürlich, weswegen ich häufig Gas gebe.	B
... halte ich zwar oft für übertrieben, fahre aber trotzdem nicht schneller als erlaubt.	C
... halte ich grundsätzlich für begründet, weswegen ich mich auch daran halte.	D

3. Bei meiner Steuererklärung ...	
... versuche ich, möglichst viel abzusetzen. Hierbei gebe ich auch Posten an, die nicht der Realität entsprechen.	A
... bin ich auf jeden Fall immer sehr sorgfältig und ehrlich, weil ich dazu verpflichtet bin.	B
... ärgere ich mich zwar jedes Mal wieder, dass die soviel Geld von mir wollen, fülle aber nichtsdestotrotz alles der Wahrheit entsprechend aus.	C
... bleibe ich in etwa bei der Wahrheit. Ich weiche also nur »in einem gesunden Maß« ab.	D

4. Wenn ich zwei Gläser Wein getrunken habe, ...	
... fahre ich nicht mehr mit dem Auto, da man das nicht darf, obwohl ich manchmal denke, dass ich dazu durchaus noch in der Lage wäre.	A

... fahre ich noch mit dem Auto. Ich kann ja schließlich selbst entscheiden, ob ich noch fahren kann.	B
... fahre ich grundsätzlich kein Auto mehr. Dies ist verboten, was ich auch für richtig halte.	C
... fahre ich manchmal schon noch mit dem Auto, je nachdem wieviel ich getrunken habe, und wie meine körperliche Verfassung ist.	D

5. Müll ...

... trenne ich ordnungsgemäß, da ich dazu verpflichtet bin.	A
... trenne ich meistens schon, allerdings nur dann, wenn es sinnvoll ist.	B
... trenne ich relativ genau, obwohl ich es eigentlich für übertrieben halte.	C
... trenne ich nicht, da mir das zu umständlich ist.	D

6. Ich ...	
... verstoße manchmal gegen Regeln, und zwar dann, wenn es einen wichtigen Grund dafür gibt.	A
... verstoße nur selten gegen Regeln, obwohl ich viele Regeln für unsinnig halte.	B
... verstoße häufig gegen Regeln, da ich Regeln oftmals für unsinnig halte.	C
... halte mich prinzipiell an Regeln, da ich nichts Verbotenes tun möchte.	D

7. Ich kaufe mir für die Fahrt mit der U-Bahn ...	
... normalerweise immer eine Fahrkarte, da die Fahrten je nach Anzahl der Schwarzfahrer ansonsten noch teurer werden.	A
... nur dann eine Fahrkarte, wenn ich weiß, dass auf dieser Strecke oft kontrolliert wird.	B
... immer eine Fahrkarte, obwohl mich der Preis jedes Mal wurmt.	C

... grundsätzlich eine Fahrkarte, da das Fahren ohne Karte unzulässig ist.	D

8. Ich habe bisher nach einem Aufenthalt im Ausland zollpflichtige Ware ...

... noch nie geschmuggelt. Das ist schließlich verboten.	A
... sehr selten geschmuggelt. Ich finde die Grenzen allerdings ziemlich eng gesteckt.	B
... schon ab und an geschmuggelt, allerdings ausschließlich im vertretbaren Rahmen.	C
... schon oft geschmuggelt. Das merkt doch sowieso keiner.	D

9. Bei Gesellschaftsspielen ...

... mogel ich ab und zu mal. Allerdings nicht übermäßig, denn das wäre ansonsten gegenüber den anderen unfair.	A
... mogel ich natürlich, denn ich will schließlich gewinnen.	B

... halte ich mich strikt an die Regeln, sonst macht das ganze Spiel ja keinen Spaß.	C
... halte ich mich an die Regeln, obwohl ich manchmal denke, dass die ein oder andere Regel keinen Sinn macht.	D

10. Stellen Sie sich vor, Sie stehen in einer langen Schlange an einer Kasse. Die Frau vor Ihnen rückt nicht auf, da sie aufgeregt etwas in ihrer Tasche zu suchen scheint. Wie verhalten Sie sich?

Also, wenn sie nicht vorwärts geht, dann gehe ich.	A
Wenn ich es sehr eilig habe, gehe ich in diesem Fall vorbei.	B
Ich warte und mache die Frau dann auf die Situation aufmerksam.	C
Ich rege mich innerlich auf, dass sie alle aufhält, warte aber trotzdem erst einmal ab.	D

Testauswertung
Jetzt wird es kompliziert, ist aber zu schaffen:
Übertragen Sie die jeweiligen Antworten (A, B, C, D) der Fragen 1-10 in die nachfolgende Tabelle, indem Sie das entsprechende Symbol umkreisen.
Beispiel: Frage 1, Antwort B, umkreisen des Symbols »I«.

	A	B	C	D
Frage 1	O	I	X	V
Frage 2	X	I	V	O
Frage 3	I	O	V	X
Frage 4	V	I	O	X
Frage 5	O	X	V	I
Frage 6	X	V	I	O
Frage 7	X	I	V	O
Frage 8	O	V	X	I
Frage 9	X	I	O	V
Frage 10	I	X	O	V

Zählen Sie dann, wie oft Sie **insgesamt** die Antwort O, V, X, I markiert haben und tragen Sie das jeweilige Ergebnis in die folgende Zeile »Gesamt« ein.

Gesamt (Anzahl der markierten Antworten)	**O**	**V**	**X**	**I**

Sind Sie bereit? – Die Testauflösung

Und, was sind Sie denn nun für einer? Sind Sie eher ein Regeltreuer, ein Möchtegern-Flegel, ein Kalkulierer oder gar ein Trickser?

Eines kann ich Ihnen hier schon vorneweg garantieren: Keiner der vier Typen ist besser als der andere, denn jeder hat seine ganz eigenen Macken. Allerdings handelt es sich in nahezu allen Fällen um sogenannte »Mischformen«. Jeder hat also von jedem Typen ein bisschen etwas; fraglich ist, wo der eigene Schwerpunkt liegt.

Das gibt Ihnen jetzt vielleicht ein besseres Gefühl, die Sache an sich verbessert dies jedoch objektiv gesehen keinesfalls.

Wo ist Ihr höchster Wert?

O	**Der Regeltreue**
V	**Der Möchtegern-Flegel**
X	**Der Kalkulierer**
I	**Der Trickser**

O:

Flegelt nur selten und wenn doch, dann mit anschließendem Unwohlsein, füllt Wissenslücken mit Vermutungen, an die er sich strikt hält, ist äußerst zuverlässig und sicherheitsbewusst.

Der Regeltreue

Und? Sind Sie etwa erleichtert, ein Regeltreuer zu sein? Aber seien Sie nicht zu fröhlich, denn es gibt einige Facetten Ihres Verhaltens, mit denen Sie wahrscheinlich nicht rechnen.

Ich meine, regeltreu zu sein, ist nun wirklich nichts Verwerfliches. Natürlich nicht. Es kann aber ziemlich anstrengend sein. Anstrengend ist jedoch weniger ihr eifriges Bemühen, die Regeln zu befolgen, sondern vielmehr, die eigenen Regelüberschreitungen in den Griff zu bekommen. Ja, Sie haben richtig gelesen. Auch Sie verstoßen bisweilen gegen Regeln, wenn auch nur geringfügig.

Zumindest aus der Sicht der anderen. Sie selbst dagegen bewerten Ihr Verhalten weitaus strenger. Sie nehmen nämlich oftmals selbst kleinste Regelverstöße sehr ernst.

Die Regeltreuen sind zumeist sehr zuverlässig, sicherheitsbewusst und pünktlich. Und sie verfügen darüber hinaus über eine ganz besondere Kompetenz. Sie haben nämliche eine ausgeprägte Beobachtungsgabe, und zwar insbesondere was die Flegeleien anderer anbelangt.

Beobachten sie demnach andere, die sich hemmungslos und unverfroren über Regeln hinwegsetzen, so ärgern sie sich. Und das wird bisweilen auch deutlich zum Ausdruck gebracht, vornehmlich durch körpersprachliche Signale. So etwa durch Kopfschütteln, Verdrehen der Augen, ein gen Himmel gerichteter drohender Zeigefinger oder ein einfaches, zumeist langgezogenes, den Unwillen unüberhörbar ausdrückendes seufzendes Stöhnen.

Allerdings sehen sie trotz ihres Ärgers selten eigenen Handlungsbedarf. Entweder schlucken sie ihren Unwillen herunter oder aber erzählen ihn – möglichst zeitnah – Gleichgesinnten.

Dieses Austauschen wichtiger Informationen mit Gleichgesinnten ist übrigens ziemlich schlau. Zum einen dient es der Kontaktpflege und zum anderen der Verarbeitung. Ja, genau der Verarbeitung.

Und das läuft zumeist so (hierbei ist es übrigens völlig gleichgültig, um welche Art des Regelverstoßes es sich handelt, ob also gerade ein Radfahrer die Ampel trotz roter Zeichen überquert oder ein Hundebesitzer vergessen hat, das »Törtchen« seines Dackels aufzusammeln): Zunächst stellt der Regeltreue demnach an den potenziellen Gesprächspartner eine Frage. Diese dient dazu, sicherzustellen, dass es sich auch wirklich um einen Gleichgesinnten handelt: *»Haben Sie das eben auch gesehen? Das ist ja eine Frechheit!«*

Wichtig ist hierbei das Hinzufügen einer kurzen eigenen Wertung, um dem anderen einen flüssigen Gesprächseinstieg zu ermöglichen. Zeigt dieser auch nur geringste Anzeichen einer ähnlichen Denkweise, also zumeist Empörung, gibt es kein Halten mehr. Der Regeltreue legt los.

Er spricht seine Gedanken hemmungslos aus. Und

nicht nur das, er denkt sogar noch einen Schritt weiter, zeigt mögliche Konsequenzen auf und stellt im Anhang eine offen formulierte Frage, die den anderen zum zustimmenden Nachdenken anregen soll: *»Also, wenn das jeder so machen würde, da hätten wir aber ein Problem. Wo kämen wir denn da hin?«* Hierbei wird der vermutlich Gleichgesinnte ununterbrochen gemustert, allerdings – und auch das kann nicht jeder mit leichter Hand – ohne ihn direkt anzuschauen, sondern vielmehr anhand kurz getakteter, seitlich streifender Blicke.
Unterlegt wird das Ganze darüber hinaus mit einem Argument, das keinen Widerspruch zulässt: *»Das ist ja auch nicht gerade ungefährlich«*, und abgeschlossen mit einem auf den Punkt gebrachten Schlusswort: *»Na, hoffentlich wird der erwischt und muss zahlen«*.
Das Ganze läuft sehr häufig nach ähnlichem Muster ab, wobei Wortwahl und Inhalt natürlich variieren können. Sind die Informationen ausgetauscht, fühlt der Regeltreue sich rundherum zufrieden. Er hat schließlich alles bekommen, was er zu einer guten Verarbeitung braucht: einen Gleichgesinnten, der zuhört, nickt und bei höchster Übereinstimmung zudem hörbar beipflichtet.
Allerdings wird ein solches Vorgehen natürlich nicht von allen Regeltreuen praktiziert. Bei Weitem nicht. Nein, *das* machen wirklich nur die sogenannten »Extremisten« unter ihnen. Aber das reicht ja auch.

Doch nun noch einmal zu den durchschnittlich Regeltreuen: Letztendlich flegeln diese sehr selten und wenn, dann eher aus Versehen. So etwa, weil sie gerade abgelenkt sind oder die Regel gar nicht kennen. Und ich sage Ihnen, gerade die Unkenntnis von Regeln ist eine ziemlich trickreiche Sache. Denn, wenn man eine Regel nicht kennt, verstößt man, ohne es zu bemerken. Man hat also eine Wissenslücke. Und noch schlimmer: Eine, von der man nichts weiß. Und was macht man mit einer derartigen Lücke? Genau, man füllt sie. Und zwar nicht etwa mit Wissen, sondern mit Vermutungen, an die man sich dann jedoch ganz strikt hält. Sie sind ja schließlich regeltreu.

V:

Flegelt öfter, allerdings nicht in der Realität, sondern ausschließlich in seiner Fantasie, hinterfragt Regeln kritisch, ist sensibel, zurückhaltend und durchaus kommunikativ.

Der Möchtegern-Flegel

Na, also ein waschechter Flegel sind Sie nicht. Bei Weitem nicht. Obwohl Sie manchmal ganz gerne gegen Regeln verstoßen, allerdings hauptsächlich in der Fantasie. Und das ist auch gut so. Denn welcher Mensch setzt schon alles um, was er sich in Gedanken ausmalt? Möchtegern-Flegel glücklicherweise nicht. Und genau das gibt Ihnen schließlich auch jede Menge Freiheiten. Sie können sich hemmungslos ausleben, ganz ohne bestraft zu werden.

Prinzipiell erachten Sie Regeln als durchaus wichtig, aber eben nicht jede in jeder Situation. So gibt es Momente, und die sind gar nicht so selten, in denen Sie bestimmte Regeln in Frage stellen oder sogar vehement ablehnen. Sie sind kritisch und setzen sich mit Dingen auseinander. Und wenn Sie dann eine Regel nicht gutheißen, bringen Sie dies auch deutlich zum Ausdruck.

Hierbei werden Sie selten laut oder gar aggressiv. Nein, das ist angenehmer Weise ganz und gar nicht ihre Art. Sie monieren und räsonieren, und zwar so, dass Ihr Gegenüber sich keinesfalls unwohl fühlt. Und das ist nicht gespielt, sondern geschieht aus tiefster Überzeugung.

Es kann allerdings ab und an Situationen geben, in denen Ihre Einstellung und Ihr Verhalten auseinanderklaffen, das heißt, Sie sagen das eine, machen aber das andere – also natürlich das Regeltreue. Man kann nur sagen: Welch ein Glück. Denn nicht auszudenken,

wenn Sie all das, was Sie sagen und möchten, auch tatsächlich machten. Dann kämen Sie aus dem Flegeln ja gar nicht mehr heraus.
Sie sind darüber hinaus zumeist kommunikativ und offen, insbesondere gegenüber potenziell geeigneten Gesprächspartnern. Diese auszumachen, wäre für manch einen nicht einfach, stellt für Sie, dank Ihrer ausgeprägten Spürnase, jedoch nicht das geringste Problem dar. So gelingt es Ihnen, Menschen zu finden, denen Sie Ihren Ärger mitteilen können und die Ihnen nicht nur zuhören, sondern sogar Ihren Standpunkt teilen.
Zeigt jemand hingegen auch nur kleinste Anzeichen der Ablehnung im Gespräch, etwa, indem er kritische Fragen stellt oder offen demonstriert, er sei anderer Meinung, beharren Sie kurz auf Ihrer Aussage und wechseln dann zügig das Thema. Da sind Sie flexibel. Und Gesprächsthemen gibt es ja schließlich auch genug.
Und noch etwas zeichnet die große Sensibilität von Möchtegern-Flegeln aus, nämlich die Art und Weise, Kritik zu äußern. Allerdings geschieht dies vornehmlich gegenüber Dritten. Dieses Teilen der Gedanken hilft Ihnen, Ihren Ärger in den Griff zu bekommen, und zwar nicht allein, sondern kollektiv, was wiederum auf Ihr durchaus gemeinschaftsorientiertes Wesen verweist.
Der tatsächliche Verursacher Ihres Ärgers hingegen

wird von Ihrer Kritik nichts erfahren, zumindest üblicherweise nicht aus Ihrem Munde.
Muss er ja auch nicht. Es ist schließlich nicht Ihre Aufgabe, andere zu erziehen.
Allerdings gibt es da eine Ausnahme: Ärgern sich Möchtegern-Flegel doch einmal so stark, dass sie beschließen, ihren Ärger gegenüber der betreffenden Person zu zeigen, so äußern sie diesen auf eine ganz besondere Art und Weise, nämlich indirekt und subtil. Es wird dazu an geeigneter Stelle hier und da eine durchaus zutreffende Spitze gesetzt und sehr genau darauf geachtet, dass diese gerade so tief sitzt, dass es piekst, aber nicht blutet. Dieses Vorgehen hat sicherlich Vorteile:
So können sie beispielsweise ihren Ärger kanalisieren, ohne Widerworte befürchten zu müssen. Folglich entsteht das gute Gefühl, dem Ärger Ausdruck verliehen zu haben und erhobenen Hauptes aus der Situation gehen zu können.
Darüber hinaus kann der andere sein Gesicht wahren und erhält von Ihnen zudem noch Denkanstöße, wie er sein Verhalten verändern sollte. Jede Menge sogar. Er muss nur genau hinhören. Und das zu tun, ist schließlich seine eigene Sache. Er bekommt ein Angebot und kann es annehmen oder nicht.
Und noch eine weitere positive Eigenschaft zeichnet den Möchtegern-Flegel aus: Er neigt nämlich dazu – und das ist ihm hoch anzurechnen – Regeln sowie das

uneingeschränkte Einhalten von Regeln, kritisch zu hinterfragen.

Und kann ihm dann keine nachvollziehbare Erklärung geboten werden, warum eine bestimmte Regel besteht, so fängt er an – und das ist durchaus menschlich – eigene Antworten zu kreieren.

So schimpfte vor Kurzem ein Flugzeugpassagier, der neben mir saß, über die noch immer leuchtenden Anschnallzeichen. Er fand, es sei eine Unverschämtheit, dass diese so lange angeschaltet seien. Er müsse schließlich auch einmal die Möglichkeit haben, auf die Toilette zu gehen. Außerdem würde man ja anhand der Windgeschwindigkeiten deutlich spüren, dass im Moment keine Turbulenzen zu erwarten seien. Wahrscheinlich habe der Kapitän wieder einmal vergessen, die Anschnallzeichen auszustellen, oder aber er sei einfach zu faul dazu.

Aufgestanden ist der Passagier übrigens trotzdem nicht; wahrscheinlich half ihm bei der Unterdrückung seines Dranges bereits die alleinige *Vorstellung*, auf die Toilette gehen zu können, wenn er denn wollte. Und wenn die reine Kraft der Vorstellung hierbei tatsächlich hilft, nicht nur den eigenen Ärger zum Ausdruck zu bringen, sondern darüber hinaus auch noch seine aktuellen körperlichen Bedürfnisse in den Griff zu bekommen, dann ist das doch eine ganz hervorragende Strategie.

X:

Hat es faustdick hinter den Ohren, hält sich zwar an Regeln – allerdings nur, wenn es in sein Konzept passt, schätzt sich interessanterweise selbst als sachlich und rational ein.

Der Kalkulierer

Ja, Sie sind ein Kalkulierer, ein ganz durchdachter sogar. Sie wissen, wo es lang geht. Zumindest Ihrer Meinung nach. Man kann Sie auch durchaus als regeltreu bezeichnen, allerdings mit einer Einschränkung: Die Regel muss in Ihr Konzept passen. Ist dies nicht der Fall, wird sie kurzerhand außer Kraft gesetzt.
Aber natürlich nicht einfach so, ohne nachzudenken, also aus dem Bauch heraus. Nein, das ist ganz und gar nicht Ihre Art. Sie gehen vielmehr sachlich und strukturiert damit um. Also gerade heraus gesagt: Mit Hirn statt Bauch.
Sie überlegen zunächst, ob die zugrundeliegenden Regeln in Ihren Augen sinnvoll sind, denken dann darüber nach, welche Risiken ein solcher Verstoß in sich birgt und kalkulieren zu guter Letzt den hiermit verbundenen eigenen Vorteil. Demnach verstoßen Sie erst nach einer differenzierten gedanklichen Auseinandersetzung und der hieraus resultierenden Schlussfolgerung, dass der Verstoß als vertretbar zu werten ist, dagegen.
Na, das hört sich ja schon fast ein bisschen langweilig an, oder? So völlig ohne Spaß und Freude. Wer das allerdings vermutet, liegt falsch, und zwar völlig falsch. Denn Sie haben es faustdick hinter den Ohren. Es gibt bei Ihnen sogar Momente, da setzt der Verstand – vorsichtig ausgedrückt – völlig aus. Oder anders formuliert: Der Verstand ordnet sich der Zielerreichung unter. Und das kann ziemlich anstrengend sein, insbe-

sondere für Ihre Mitmenschen, vor allem deshalb, weil man mit so etwas bei Ihnen gar nicht rechnet.
So saß ich neulich abends als Beifahrer in einem Auto, und zwar neben einem Mann, den ich bis zu diesem Tag, ohne lange nachzudenken, als sachlich, überlegt und reflektiert bezeichnet hätte.
Alles lief gut. Wir unterhielten uns locker und entspannt, als sich von einer Sekunde auf die andere die gesamte Atmosphäre veränderte. Auffällig wurden zunächst seine körpersprachlichen Signale: Er knurrte leise, seine Augen quollen leicht hervor und er fuchtelte wild mit den Armen. Plötzlich griff er nach seinem Handy und schoss mehrere Photos von einem Radfahrer, der, wie ich fand, nach einem kurzen kurvenintensiven Moment wieder friedlich rechts am Straßenrand entlang fuhr. Nun gut, der Radfahrer telefonierte, lenkte mit einer Hand und fuhr auch ohne Licht und Helm. Aber muss man ihn deswegen gleich fotografieren? Zur Antwort bekam ich, er mache das Gleiche wie die Polizei. Er dokumentiere nämlich das, was ist und nicht sein darf. Und zwar zur Beweisaufnahme. Aha. Aber ist das nicht etwas zu hoch gegriffen?
Ich kam ins Grübeln. Allerdings nicht wegen des Radfahrers, der nach wie vor, völlig unbeeindruckt vom pädagogischen Gesamtkonzept des Mannes neben mir, fröhlich telefonierend und lichtlos rechts am Fahrbandrand radelte. Nein, was mich wirklich zum Nachdenken brachte, war, dass der Mann neben mir

seine Art der Beweisaufnahme als völlig normal wertete, selbstzufrieden durchatmete und seufzend bemerkte, er habe mal wieder seine Pflicht erfüllt.
Was meint er denn bloß mit »mal wieder«? Und was ist eigentlich mit seinem eigenen Regelverstoß?
Übrigens: Es ist in der Tat ein Zufall, dass in diesem Beispiel ausgerechnet wieder ein Mann derjenige ist, der merkwürdige Verhaltensweisen zeigt. Man könnte dies sicherlich auch auf eine Frau 1:1 übertragen. Also zumindest grob. Ich meine, Frauen schießen ja auch öfter mal Fotos. Allerdings wählen sie meines Wissens zumeist doch eher andere Motive.
Also, typisch für Kalkulierer, gleichgültig ob männlich oder weiblich, ist die inbrünstige Überzeugung, in der Lage zu sein, Situationen realitätsnah einschätzen zu können.
Genau diese sich selbst zugeschriebene Fähigkeit verleitet sie bisweilen zu einem Auftreten, das als rechthaberisch bezeichnet werden kann. Ist man nämlich selbst felsenfest überzeugt davon, im Recht zu sein, fällt es schwer, die Argumente anderer ernst zu nehmen.
Ähnlich verhalten sie sich übrigens auch des Öfteren gegenüber Regeln.
Sind diese für Kalkulierer nämlich nicht einsichtig, haben sie eine ganz eigene Strategie, damit umzugehen. Sie definieren sie einfach um. Sie passen die jeweiligen Regeln also an die aktuelle Situation an, unterlegen

diese mit logisch klingenden Argumenten und halten sich dann daran. Also an die umdefinierten.
So ist beispielsweise das Telefonieren mit einem Handy in einem Flugzeug, das gerade zur Startposition rollt, strengstens verboten. Jedoch nicht immer aus der Sicht eines Kalkulierers. Der kann nämlich, je nachdem wie wichtig für ihn das Telefonat ist, ganz schnell belegen, dass die Strahlen des Handys den Funkverkehr nicht beeinträchtigen. Zumindest nicht maßgeblich. Und die Strahlen *seines* Handys schon gar nicht. Das weiß er übrigens aus Erfahrung. Oder er hat gerade darüber eine ganz neue Untersuchung gelesen. Um welche Untersuchung es sich allerdings genau handelt, kann er nicht mehr sagen. Dies ist aber auch nicht ausschlaggebend, zumindest nicht für seine Argumentation.
Und schon lautet die Regel: *Das Nutzen des Handys an Bord eines Flugzeuges ist solange erlaubt, bis der Kalkulierer sein Gespräch beendet hat.* Und daran hält er sich dann auch konsequent.
Aber eben immer erst, und das ist wichtig, nach dem Durchlaufen differenzierter, rationaler, realitätsangemessener, auf Erfahrung beruhender, objektiver, sachlicher, kompetenter und natürlich situationsangemessener Kalkulationen.

I:

Ist ein »Regelhooligan«, der hemmungslos flegelt, geht hierbei kreativ und trickreich vor, fühlt sich schneller, dreister und cleverer als andere.

Der Trickser

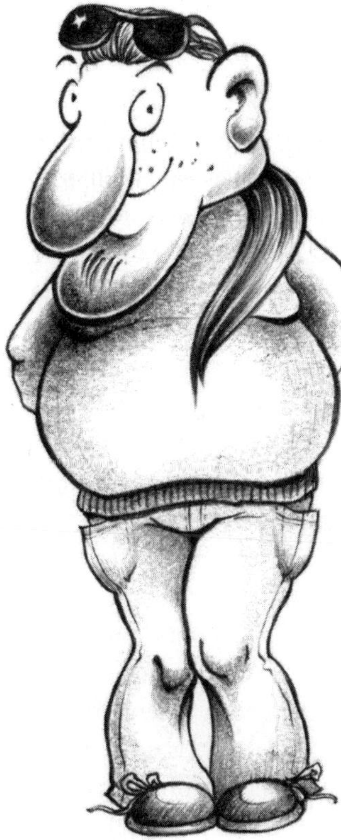

Sie sind ein Trickser, ein waschechter Regelflegel, und zwar ein wirklich durchtriebener. Man kann bei Ihnen sogar schon nahezu von einem Regelhooligan sprechen. Und? Beunruhigt Sie das? Wohl kaum.

Sie fühlen vermutlich eher Stolz als Unwohlsein. Und dazu haben Sie ja auch allen Grund. Sie flegeln schließlich nicht sinnlos vor sich hin, sondern arbeiten schnurstracks auf Ihr Ziel gerichtet. Und haben Sie Ihr Ziel erreicht, werten Sie das als Erfolg.

Das ist ja auch klar. Denn letztlich wertet doch *jeder* das Erreichen eines Zieles als Erfolg, so unterschiedlich die Ziele auch sein mögen. Und Ihres besteht vornehmlich darin, möglichst schnell und unbemerkt gegen Regeln zu verstoßen, und zwar immer dann, wenn es Ihnen gerade passt. Man will sich ja schließlich Vorteile verschaffen, also schneller, dreister und cleverer sein als die anderen.

Richtig Flegeln kann übrigens nicht jeder. Das ist alles andere als einfach. Neben einer lockeren, zwanglosen Einstellung gegenüber Regeln muss man nämlich zusätzlich über eine gehörige Portion Kreativität verfügen. Ohne die wäre man verloren. Denn die Tricks, mit denen Sie arbeiten, auf die muss man erst einmal kommen.

Blickt man in das tiefste Innere von Tricksern, wird einem bisweilen der ungeheure Facettenreichtum menschlicher Abgründe eröffnet. So gibt es beispielsweise einige unter ihnen, die auf ganz eigene Art und

Weise verstoßen. Sie verdrehen nämlich Realitäten. Und das machen sie so geschickt, dass andere es gar nicht merken.
Sie gehen beispielsweise in ein Restaurant, bestellen genüsslich ihr Essen, legen dann eine bereits verendete Fliege unter ein Salatblatt und beschweren sich anschließend beim Kellner über den Fund des Kadavers.
Dies hat zwei Vorteile: Zum einen kann der Trickser den Salat nahezu aufessen, ohne ihn zahlen zu müssen, zum anderen bekommt man eine angemessene Alternative, etwa einen Kaffee oder einen guten Grappa, angeboten. Schließlich – und das weiß jeder Wirt – hat man einen Gast, der sich einmal geärgert hat, für immer verloren.
Also ich finde, so etwas geht deutlich zu weit. Ganz ehrlich. Regelverstoß hin oder her, aber Tiere sollte man nicht missbrauchen, auch nicht für Begräbnisse im Salat. Das hat nun wirklich niemand verdient. Noch nicht einmal eine Fliege.
Ja, und oftmals muss ein Trickser auch gar nicht die Realität verdrehen, um zum Ziel zu kommen, er kann einfach bei der Wahrheit bleiben. Das finde ich persönlich besser.
Legt man beispielsweise im Supermarkt versehentlich eine Pizzapackung so unglücklich auf den Joghurtbecher, dass dieser einen deutlichen Riss im Deckel bekommt, so kann man an der Kasse durchaus wahrheitsgemäß sagen, dass der Becher beschädigt sei,

weswegen man ihn umtauschen wolle oder gegebenenfalls billiger nehmen würde. Gelogen ist das definitiv nicht. Wirklich nicht.

Aber es gibt auch Trickser, die arbeiten eher subtil. Sie vermitteln nämlich ihrem Gegenüber das Gefühl, sie nähmen ihn ernst, und zwar sehr ernst. Doch das ist natürlich noch nicht alles. Man muss dem anderen nicht nur glaubhaft vermitteln, dass man ihn ernst nimmt, sondern auch noch, dass man unendlich froh ist, *ihm* zu begegnen.

Hat man sich beispielsweise im Naturschutzgebiet mit dem Auto verfahren und wird von einem Polizisten angehalten, so ist es von immenser Bedeutung, schnell zu sein. Ergreifen Sie zuerst das Wort, begrüßen Sie den Polizisten freudig, zeigen Sie ihm, dass Sie sehr erleichtert sind, genau *ihn hier* zu treffen. In dieser verlassenen Gegend, wo man keinen Menschen trifft, den man nach dem Weg fragen könnte.

Also, dass man sich hier bestens auskennt und den Weg verbotenerweise des Öfteren als Abkürzung nutzt, sollte man natürlich verschweigen. Das ist ja klar. Das wäre in einer solchen Situation sogar regelrecht unklug. Fakt ist vielmehr: Sie haben sich verfahren und er, er ist Ihr Retter. Er fühlt sich natürlich geschmeichelt, wächst sofort mehrere Zentimeter über sich hinaus und – noch viel wichtiger – erklärt Ihnen bereitwillig den Weg.

Es ist also alles in bester Ordnung: Er fühlt sich gut.

Und Sie sich auch. Schuldgefühle liegen Ihnen ohnehin recht fern und Strafe mussten Sie auch keine zahlen. Warum auch? Zumindest nicht für solch einen Firlefanz.
Doch soll hier nicht der Eindruck entstehen, Trickser würden prinzipiell *alle* Regeln ablehnen. Nein, da würde man ihnen sicherlich Unrecht tun. Es gibt sogar zahlreiche Regeln, die sie befürworten. Und nicht nur das, sie befolgen sie sogar äußerst konsequent.

Wortwechsel mit einem Trickser:

> »Gibt es denn auch Regeln, an die Sie sich aus Überzeugung halten?« – »Ja, natürlich, z. B. dass man in bestimmten Bereichen nicht rauchen darf.« – »Wie machen Sie das dann, rauchen Sie ausschließlich in den gekennzeichneten Raucherecken?« – »Nein, nein, ich bin Nichtraucher.«

Ja, sie haben tatsächlich auch regeltreue Momente, allerdings höchst selten, aber regelmäßig dann, wenn sie nicht persönlich betroffen sind.

Und das ist nun wirklich durchaus nachvollziehbar.

Ach Du Schreck, ich bin ein ...

Hier befinden sich fünf Regelflegel.
Vier davon sind auf dem Bild zu sehen.

Also, eines vorneweg: Kein Flegel hat es leichter als der andere. Jeder einzelne hat durchaus kurze, glücklose Momente. Das ist völlig normal.
So ist der Regeltreue zwar stets bemüht, sich an Regeln zu halten, dabei jedoch nicht immer erfolgreich. Wohingegen der Möchtegern-Flegel zwar nach außen hin regeltreu ist, innerlich jedoch von wilden Fantasien getrieben wird. Im Gegensatz zum Kalkulierer, der so manches Mal spontan und unverhofft irrational reagiert, und das trotz seiner eigenen festen Überzeugung, er sei ein durch und durch sachlich-strukturierter Denker. Tja, und schließlich der Trickser, der letztlich nie mit sich zufrieden ist, weil er weiß, er hätte noch viel öfter tricksen können, hätte er bloß alle vorhandenen Möglichkeiten genutzt.
Doch haben glücklose Momente auch etwas Positives: Sie fördern die Kreativität und man kann sinnieren, etwa über sich selbst. Kommt man hierbei zu dem Schluss, alles sei im grünen Bereich, dann sollte man munter weiterflegeln wie bisher. Stellt man jedoch eine gewisse Unzufriedenheit fest, ist es Zeit für Veränderung. Und dafür ist Deutschland ein geradezu idealer Ort. Denn hier kommt nun wirklich jeder zum Zug: Nimmt man sich zum Beispiel vor, in Zukunft noch häufiger gegen Regeln zu verstoßen, stellt dies tatsächlich überhaupt kein Problem dar. Schließlich gibt es jede Menge Regeln und somit auch jede Menge Gelegenheiten. Plant man hingegen, sich ab sofort öf-

ters an Regeln zu halten, stört sich zumeist auch kein Mensch daran.
Wir leben also in einem freien Land. Jeder kann ausprobieren, in welcher Flegelecke er sich am Wohlsten fühlt. Und wenn man sich in manchen Situationen dann doch einmal unwohl fühlen sollte, so hilft nur eines: Offen darüber zu reden.
So gestand mir beispielsweise neulich ein Mann, also nicht irgendein Mann, sondern *der* eine Mann, dass er beim Ausfüllen des Regelflegel-Tests gemogelt habe. Er habe nämlich zuerst die Auswertung durchgearbeitet und danach die Fragen beantwortet. Na und? Finde ich persönlich überhaupt nicht verwerflich. Schließlich hat jeder seinen eigenen Weg, zum Ziel zu kommen. Mein Mann und ich sind in manchen Bereichen eben doch ganz schön unterschiedlich, was sicherlich spannend, aber auch ziemlich nervenaufreibend sein kann. Da braucht man eben jede Menge Toleranz und Großzügigkeit. Aber die habe ich ja!
Doch noch einmal zurück zur Offenheit. Zahlreiche Menschen hatten nach dem Ausfüllen des Regelflegel-Tests Fragen, die sie tief bewegten. Hier ein kurzer Auszug:

☺ Gibt es auch Zeiten, in denen nahezu jeder regeltreu ist? Die gibt es tatsächlich, beispielsweise während des Schlafens. Schnarcher natürlich ausgenommen.

- Ich habe laut Test etwa gleiche Anteile von einem Regeltreuen und von einem Kalkulierer, bin ich nun eine gespaltene Persönlichkeit? Das lässt sich anhand dieses Tests nicht eindeutig klären. Hierzu bedarf es weiterer Untersuchungen.
- Ich bin ein Möchtegern-Flegel und mein Mann ein Trickser. Kann das gutgehen? Wird schwierig. Aber mit viel gutem Willen und Mut zur Veränderung gibt es sicherlich eine Chance.
- Sind Trickser intelligenter als andere? Nach deren eigener Einschätzung schon. Aber Sie wissen ja: Selbst- und Fremdbild können erschreckend weit auseinanderklaffen.
- Mein Mann und ich sind beide extrem regeltreu und erwarten nun ein Kind. Können wir davon ausgehen, dass unser Kind genauso regeltreu wird wie wir? Flegeleien sind nicht angeboren, sondern werden erlernt. Von daher stehen die Chancen auf ein regeltreues Kind erst einmal gar nicht so schlecht. Allerdings wird sich Ihr Kind mit zunehmendem Alter nach und nach von Ihnen abnabeln und sich unter Umständen sogar genau gegenteilig entwickeln.
  Und dann viel Spaß!
- Man kann ja nur Bücher über Themen schreiben, bei denen man sich auch auskennt. Demnach

müsste die Autorin ein besonders ausgeprägter Flegel sein. Stimmt das? Kein Kommentar. Sonst steht wieder das Ordnungsamt vor der Tür.

Und sollte Ihnen noch eine Frage unter den Nägeln brennen, dann schauen Sie doch einmal auf der folgenden Internetseite vorbei ...

www.regelflegel.de

Literaturliste
für die wissenschaftlich Interessierten:

Widerborstigkeit: *Fühlt sich eine Person in ihrer persönlichen Freiheit eingeengt, ist eine mögliche Reaktion, Widerstand zu zeigen, sich also »reaktant« zu verhalten.*
Dickenberger, D., Gniech, G. & Grabitz, H.-J. (1993). Die Theorie der psychologischen Reaktanz. In: D.Frey & M.Irle, Theorien der Sozialpsychologie (S. 243 – 273), Bd1: Kognitive Theorien. Bern: Huber.

Fehleinschätzungen: *Manchmal schätzt man Situationen falsch ein, ohne es zu merken. Man ist sogar der festen Überzeugung, die eigene Einschätzung sei realitätsnah und man könne im Falle einer herannahenden Gefahr diese erfolgreich in den Griff bekommen.*
Haller, L. (Hrsg.) (2003). Risikowahrnehmung und Risikoeinschätzung. Hamburg: Verlag Dr Kovac.

Die Anderen: *Wir ahmen oftmals Verhaltensweisen nach, die wir beobachtet haben. Durch das Lernen mit Hilfe eines Modells werden neue Verhaltensweisen erlernt oder über bereits bestehende Verhaltensmuster verändert.*
Bandura, A. (1976). Lernen am Modell. Stuttgart: Klett.
Bodenmann, G., Perrez, M., Schär, M. & Trepp, A. (2004). Klassische Lerntheorien. Grundlagen und Anwendungen in Erziehung und Psychotherapie. Bern: Huber.

Das Kribbeln: *Menschen haben ein unterschiedliches Bedürfnis nach Abwechslung und neuen Erfahrungen, um so ein individuell optimales Erregungsniveau zu erhalten – teilweise sogar unter Inkaufnahme von Gefahren.*
Zuckerman, M. (1979). Sensation Seeking: Beyond the optimal level of arousal. Hillsdale: Erlbaum.

Roth, M. & Hammelsstein, P. (Hrsg.) (2003). Sensation Seeking - Konzeption, Diagnostik und Anwendung. Göttingen: Hogrefe.

Erfolg: *Ob Menschen gegen Regeln verstoßen oder nicht, hängt nicht nur von der erwarteten Höhe der Strafe ab, sondern insbesondere auch von der vermuteten Wahrscheinlichkeit, ob man erwischt wird.*
Lamnek, S., Olbrich, G. & Schäfer, W.J. (2000). Tatort Sozialstaat: Schwarzarbeit, Leistungsmissbrauch, Steuerhinterziehung und ihre (Hinter)Gründe. Opladen: Leske + Budrich.

Rechtfertigungsstrategien: *Es kann die Situation auftreten, dass man Regeln für durchaus gerechtfertigt hält und trotzdem gegen sie verstößt. Um sich nun selbst vor Schuldgefühlen zu schützen, wendet man unterschiedliche Strategien der Rechtfertigung an.*
Sykes, G.M. & Matza, D. (1968). Techniken der Neutralisierung. Eine Theorie der Delinquenz. In: Sack, F. & König, R. (Hrsg.), Kriminalsoziologie (S.360 - 371). Frankfurt/M.: Akademische Verlagsgesellschaft.

Ärgeremotion: *Ärgeremotionen entstehen u.a. dann, wenn wir etwa das Gefühl haben, wir wurden durch andere Personen geschädigt. Hierbei variiert die Intensität des empfundenen Ärgers je nachdem, ob ich der Person Böswilligkeit, Rücksichtslosigkeit oder Gedankenlosigkeit unterstelle.*
Mees, U. (Hrsg.) (1992). Psychologie des Ärgers. Göttingen: Hogrefe.

Neuere Literatur zum Nachlesen der Theorien:

Fröhlich, W.D. (2010). Wörterbuch Psychologie. München: Deutscher Taschenbuch Verlag.
Pfältzer, A. (2008). Ursachen sicherheitsrelevanter Regelverstöße deutscher Economy Class Passagiere im Luftverkehr. In: G. Wiendieck (Hrsg.), Hagener Arbeiten zur Organisationspsychologie, Bd. 12. Berlin: LIT Verlag.